JN410512

직업의 몰락

4차 산업혁명을 준비하는 젊은이에게

직업의 몰락

진연강 지음

문학의전당

| 머리말 |

나는 현역 시절 전자통신공학 분야 교수로 전공도서들을 여러 권 출간하여 대학과 대학원 학생들 그리고 현장 엔지니어들에게 분에 넘치는 좋은 반응을 받았다. 내가 미국 생활을 정리하고 귀국할 당시인 1980년대만 해도 전공 관련 도서들은 대부분 미국에서 출판된 영어 원서들이었다. 그래서 나는 우리 학생들이나 엔지니어들이 보다 쉽게 접근할 수 있도록 한국어로 된 전공서적을 쓰겠다는 사명감을 갖고 열심히 집필했다. 그리고 학생들이나 현장 엔지니어들이나 기술사 지망생들의 호응이 좋았다는 소식에 보람을 느꼈다.

나는 평소 인문학에 깊은 관심이 있었지만 전공분야 연구에 바빠 궁금하게 여긴 것들을 깊이 생각할 여가가 없었다. 정년을 하게 되면서 평소에 관심이 있던 과제들을 공부하였으나, 인문학 분야에 문외한이어서 시작은 쉽지 않았다. 내가 호기심을 갖는 과제들은 대부분 철학·심리학·인문사회학과 관련이 되는 것들이었다. 나를 잘 아는 친구나 지인들은 '전공분야와 관련이 되는 글이나 집필하라'고 조언했다. 그러나 배우고 공부해서라도 그 과제들에 관해 글을 쓰고 싶었다. 물론 내가 평소 관심 있는 과제들은 저자들에 따라 입장이 달라 대체로 정답이 없는 것들이다. 나의 저서들은 대부분이 정답이 있는 공학 도서여서 특히 정답이 없는 철학 도서들은 이해가 쉽지 않았다.

그러나 나의 평상시 호기심은 '어떻게 살 것인가', '자아와 자아실현', '일을 해야 하는 이유', '삶의 의미', '산업혁명과 삶의 의미' 등과 같은 것들에 가 있었다. 물론 이미 많은 필자들이 이 분야들에 대하여 나름 훌륭한 저서들을 출간

해왔다. 하지만 대부분 내가 이해하기 어려운 내용들이여서 나는 각 분야의 서적들을 두루 구입해 자세히, 천천히 반복해 읽었다. 이 저서들을 읽으며 내가 이해하고 공감한 구절들을 세상에서 배우고 경험한 것들에 적용하며 글을 썼다. 어려웠지만 배우는 것이 흥미롭고 재미있었고, 눈이 아프고 힘들었지만 열심히 쓰는 일이 행복했다. 그리고 가능한 한 독자의 입장에서 쓰려고 노력을 했다. 말하자면 이 책은 관련 주제들에 대한 기존의 저서들을 내 경험에 맞추어 다시 해석하고 다시 쓴 결과물이다.

집필하고 보니 이 책이 현대를 힘겹게 살아가고 있는 후학들에게 용기와 희망을 주는 저서가 되었으면 하는 기대를 하게 된다. 모차르트처럼 3, 4세에 작곡을 할 만큼 음악적 재능을 타고난 천재도 있지만, 대부분의 사람들은 공부하고 배우고 경험을 하며 자신의 재능을 발견하거나, 일을 하면서 자기의 자질을 발견한다.

내가 대학교수로 생활할 때 상담을 목적으로 찾아오는 학생들이 많았다. 대부분의 학생들은 자신의 '재능'이나 '하고 싶은 일'이 무엇인지를 몰랐다. 이 책에 '하고 싶은 일을 하라'는 제목의 글이 있다. 그러나 본문에서는 주어진 일에 열성과 끈기를 갖고 노력하다 보면, '싫던 일'이 '좋아하는 일'로 변하면서 자신의 재능을 발견할 수 있다고 했다. 처음에는 '재능' 있는 일이나 '잘하는 일'이라고 시작했으나, 정작 그 일을 하다 보니 싫은 일로 변하는 경우도 적지 않다. 주위의 다재다능한 친구나 지인 가운데 한 직장에 만족하지 못하고 여러 직장들을 옮겨 다니다가 결국 후회하는 사람들도 있다. 아무리 재능이 뛰어나도 끈기를 갖고 노력하지 않으면 재능도 무용지물이다. 비록 주어진 일이 마음에 들지 않지만 열정과 끈기를 갖고 노력한 끝에 성공한 사람들을 주위에서 많이 볼 수 있다. 그래서 나는 이 책에 인용한 '그릿(GRIT)' 정신이 '재능'보다 중요하다고 생각한다.

4차 산업혁명이 진행되면 평생직장은 사라질 것이다. 직장(job)이라는 개념이 사라지고 일(work)이라는 개념으로 바뀌면서 한 사람이 유사한 여러 일을 하는 직업군(job group)으로 패러다임이 변환될 것이다. 인공지능 로봇이 진화하면서 많은 기존 직업이 사라지면 적지 않은 사람들이 새로운 일을 찾아야 할 것이다. 머지않아 평생직장이라고 선호하던 공무원이나 교직도 점점 사라지게 될 것이다.

누구나 '어떻게 살 것인가'라는 문제에 관해 한 번쯤 생각해보았을 것이다. 명약도 적절하게 잘 사용하면 좋지만 지나치게 사용하면 독이 된다는 말이 있다. 스마트폰도 인간의 삶에 적절히 사용하면 좋은 동반자가 되지만, 지나치게 의존하면 그것의 노예가 되지 않는가. 미래를 예측할 수 없는 4차 산업혁명이 과연 인간에게 불행보다 더 많은 행복을 줄 것인지는 아무도 장담할 수 없다. 이런 세대를 살아갈 젊은이들에게 절실히 필요한 것은 자신에게 주어진 일에서 '삶의 의미와 가치'를 찾는 지혜라고 생각한다. 또한 누구나 인생의 의미와 죽음에 대한 관심들을 외면할 수 없다. 그리하여 이 책에서는 '삶의 의미'와 '죽음이란' 과제도 함께 다루었다.

팔십 고개를 넘은 과학도가 용기를 갖고 집필한 이 책이 미래를 예측할 수 없을 정도로 급변하는 4차 산업혁명 속에서 살아가야 하는 젊은이들에게 희망을 주는 책이 되기를 바란다.

이 책의 원고를 자기 저서처럼 열심이 교정을 해준 제자이자 동료인 조성준 교수, 출판을 주선해주고 추천서를 써주신 시인이자 문학평론가인 단국대학교 영문학과 오민석 교수에게 깊은 감사의 뜻을 전한다.

2018년 8월

진연강

| 차례 |

CHAPTER

[01] 어떻게 살 것인가

어떻게 살 것인가

'인생을 어떻게 살 것인가'는 '어떤 삶을 원하는가'일 것이다. 이는 '의미 있는 삶'이다. 의미 있게 산다는 것은 '가치 있는 삶'이다.

세상은 원래가 불공평하다. 이것을 어느 누구도 탓할 수 없는, 어떻게 보면 자연현상이다. 이 세상에 태어난 그 자체는 내 선택이 아니다. 그래서 세상은 요지경이고 흥미진진한 사회다. 살아볼 만한 세상이다.

'어떻게 살 것인가'에 대한 정답은 있을 수 없다. 개개인의 태어난 환경이 다르고 성격이나 개성, 취향이 다양하기 때문에 인생의 가치관이나 삶의 의미가 다르다. 환경이 좋은 자녀나 열악한 자녀나 '어떻게 살 것인가'를 결정해야 하는 것은 자기들의 몫이다. 주어진 인생은 유한하다. 죽음 또한 태어나는 것과 마찬가지로 예측 불가능한 것이다. 그렇기 때문에 주어진 유한한 인생에서 최대한 많은 축복을 누려야 할 것이다.

환경이 좋은 자녀가 그렇지 못한 자녀보다 성공의 가능성이 다소 높을 수는 있으나 성패(成敗)는 본인의 삶의 태도와 방식에 달려 있다. 그런 의미에서 '어떻게 살 것인가'라는 과제는 매우 중요하다.

내가 존경하는 인물을 든다면, 발레리나 강수진이다. 나는 그녀가 세계적인 발레리나로 성공한 명예보다, 자신이 좋아하는 일(재능)을 발견하고 그 일을 사랑하고 뜻을 이루고자 갖은 장애물을 극복하는 과정과 그 열정을 귀하게 여긴다. 인생에 성공은 매우 중요하다. 그러나 자신의 일을 좋아하지 않는 한, 그의 성공에 만족하지 못한다. 그보다 중요한 것은 자기가 좋아하고 잘하는 일에 최선을 다하며 사는 인생이다.

강수진은 1982년 선화예술고등학교에 입학하자 같은 해에 바로 유럽 모나코 왕립발레학교에 장학생으로 유학했다. 그녀는 후원자인 마리카 교장 선생 외에는 아는 사람 하나 없는 낯선 환경에서 자랐다. 그녀는 불어도, 영어도 잘 못해 친구들과 대화도 할 수 없는 어린 소녀였다. 그러나 세계적 발레리나가 되겠다는 뜨거운 열정과 혹독한 연습이라는 친구가 있었기에 그녀는 혼자 있어도 혼자가 아니었다고 말한다.

그녀는 2014년 국립발레단 예술 감독 취임사에서 이렇게 말했다.

"발레는 몸으로 하는 이야기입니다. 우리의 언어는 발레입니다. 혼이 깃든 몸짓 하나하나가 모여 이야기를 완성하기에 우리는 오늘 또 땀과 눈물로 이야기를 연습합니다."

발레리나의 발끝을 보면 그들의 피땀이 얼마나 소중한가를 한눈에 느낄 수 있다. 2013년에 발간한 강수진의 저서 『나는 내일을 기다리지 않는다』는 공무원이든, 기업인이든, 청소년이든 그 누구에게도 꿈과 희망을 주는 인생 지침서다.

그 책에 이런 그녀의 좌우명이 있다.

'Nobody is perfect but who wanna be Nobody!'(아무도 완벽하지 않다. 하지만 누가 아무도 아니고 싶겠는가?)

그녀는 아무도 완벽하지 않다는 사실에 위안을 받았고, '아무도' 아닌 사람으로 남을 수 없다는 도전정신으로 하루를 살았다. 동작이 제대로 나오지 않으면 동료들이 점심시간에 식사를 할 때도 그녀는 사람들이 없는 곳으로 가 연습에 몰두했다. 아주 사소한 부분 하나도 운에 맡기고 싶지 않았기 때문이다. 그런 열정으로 그녀는 자신의 운명까지 통제하고 싶었다. 그녀는 하루에도 수천 번씩 같은 동작을 반복하지만, 마음에 드는 자세가 나오지 않으면 만족할 때까지 연습을 했다.

그녀는 하루에 18시간 연습을 한 덕분에 비정상적인 발을 가지고 있지만 행복하다. 때론 행복한 마음을 주체할 수 없어 눈물이 흐른다. 자신만의 인생을 살고 있기 때문이다. 그녀가 30년 이상 발레 연습에 투자한 시간을 대충 계산해보니 20만 시간이 넘는다.

"남들은 나에게 성공했다고 말하지만 나는 한 번도 내 이름을 세상에 알리려는 노력을 한 적이 없다. 오로지 나의 발레에만 집중을 했을 뿐이다. 만약 이름을 알리려는 노력을 했다면 지금의 나는 없었을 것이다. 이름을 알리려는 목적을 가진 사람들은 목적을 달성하면 변하기 시작한다. 자신의 명성과 이름을 지키기 위해 온갖 방법을 동원하기 때문이다."

그녀의 순수하고 겸손한 인생철학과 피땀 어린 정열에 따른 결실의 보상은 누구나 부러워하는 세계적인 발레리나가 된 보람이다. 그중 대표적인 명성을 든다면 이렇다.

1999년 무용계의 아카데미상이라 할 수 있는 〈브누아 드 라 당스〉(Benois de la Danse, 최우수 여성무용수상)를 받았으며, 2007년에는 최고의 예술가에게 장인의 칭호를 공식적으로 부여하는 독일의 '캄머탠저린'(Kammertanzerin, 궁정무용가)에 선정되었고, 〈존 크랑코 상〉을 수상하기도 했다. '캄머탠저린'이란 작위는 창립 이래 51년 동안 슈투트가르트 발레단을 거쳐 간 그 수많은 무용수 중에 단 세 명만이 받았다고 한다. 그 작위를 갖고 있는 사람은 함부로 해고할 수 없으며 독일 사회 안에서 거의 완벽한 보호를 받는다고 한다. 이런 업적을 인정받아 같은 해 10월 5일에는 노무현 대통령으로부터 국민훈장 석류장을 받았다. 강수진은 '30

년 동안 아물지 않은 그 상처가 나를 키웠다'고 말한다. 최고의 훈장은 아마도 그 상처일 것이다.

성공하고자 하는 사람은 누구나 강수진과 같은 인생을 살면 자기가 원하는 뜻을 이룰 것이다. 강수진은 재능만 있다고 그저 이루어지는 것이 아니라는 것을 보여준 산 증인이다. 성공의 뒤에는 피땀 어린 노력과 열정이 숨어 있다.

우리 사회의 정치인을 포함한 각계각층의 지도자들 중에는 명예나 권력과 금전에 지나친 욕심을 내다가 그간에 이룬 덕망(德望)이나 업적(業績)이 하루아침에 물거품이 되는 경우를 종종 보게 된다. 선친(先親)이 이룬 대기업 총수 자리에, 더 많은 유산의 몫을 챙기려고 형제간의 치열한 싸움 등이 좋은 예다.

최초와 최고의 삶을 살아온 강수진. 누구나 특별한 삶을 꿈꾸지만, 사실 특별한 삶은 없다. 보통의 삶을 특별한 열정으로 살면 그게 특별한 삶이 된다. 그녀의 삶이 그것을 증명한다.

나는 '어떻게 살 것인가'의 롤 모델(role model)로 강수진 발레리나의 삶을 소개했다.

CHAPTER

[02] 자아와 자아실현

자아와 자아실현

우리는 '내가 누구인가?' 즉 '나의 감정이나 성격이나 재능과 같은 속성들은 무엇인가?'를 궁금해 한다. 인간의 속성을 통제하고 주관하는 자기 자신을 주체라고 하며 다른 사람과 구별한다. 이런 '내 자신'을 '자아(自我)'라고 한다. 사전적 의미에 따르면, '(철) 나. 자기. 곧, 의식자가 다른 의식자 및 대상으로부터 스스로를 구별하는 자칭(自稱). (심) 자기 자신에 관한 각 개인의 의식 또는 관념'이다.

인간 본질인 '자아의 의미'는 철학자나 심리학자들이 추구하는 문제라고 생각한다. 나는 우리가 보통 사용하는 '자아'는 내 자신의 '개성(個

性)'이나 '정체성(正體性)'이라고 정의하고자 한다. 개성의 사전적 의미는 '다른 사람이나 개체와 구별되는 고유의 특성'이다. 고유의 특성은 개개인만의 감정, 성격, 재능, 그리고 기타 정신적 요인을 합성한 것이라고 생각하기 때문이다. 자아에 관한 깊은 의미는 다음에서 다루기로 한다.

갓 태어난 아이는 자신이 누구인지를 인식하지 못한다. 성장하면서 비로소 내가 누구인가를 인식한다. 즉 자아의식(自我意識)이 성장한다.

철학자나 심리학자, 뇌 과학자 등은 자아의 본질에 관한 해답을 찾고 있다. 이들이 생각하는 인간의 본질에 관해 몇 명의 석학들이 생각하는 자아에 관한 사고를 나중에 소개한다. 나는 이들의 사고를 토대로 이야기하려고 한다.

사람은 누구에게나 타고난 재능(才能)이 있다. 우리는 성장하면서 그 재능이 무엇인지를 자연스럽게 인지하게 된다. 다만 사람에 따라 그 과정과 발견하는 시기가 각각 다르다. 정년을 하고 마음속 깊이 숨겨진 재능을 표출하여 제2의 인생을 산 흥미진진한 이야기로 일간지(2016. 5. 16)에 실린 믿기 어려운 성공사례를 소개한다. 이 사례는 젊은이들과 정년(停年)을 앞둔 사람들에게 용기와 희망이 될 것이라고 믿는다.

전 서울지방법원장인 판사 강봉수가 66세에 로펌을 그만두고 미국 유학, 73세에 물리학 박사가 된 이야기이다. 그는 서울대 법학과를 졸업하고 사법시험(6회)에 합격해 1972년 대구지법을 시작으로 28년간 판사로 근무했다. 2000년 서울중앙지방법원장을 끝으로 퇴임해 법무법인 태평양에서 고문 변호사로 9년간 일했다.

그러나 돌연 사표를 내고 미국 머시드 캘리포니아대(UC머시드) 대학원 물리학과 석·박사 통합과정에 입학했다. 고등학교 때부터 마음에 품고 있던 물리학자의 꿈을 이루기 위해서였다. 입학 이후 7년, 한국에 한 번도 다녀오지 않고 학업에 전념한 결과 지난 2016년 5월 15일 물리학 박사 학위를 받았다. 그는 "한국 가면 만날 사람도 많고 공부 리듬이 흐트러질까 봐 일부러 안 간다."고 했다. 박사 논문은 〈전자파에 관한 논문〉이었다.

그는 새롭게 도전하는 공부가 힘들고 어렵다고 했다. 논문도 어려웠지만 그전에 물리학 기초를 공부하는 게 훨씬 어려웠다. 유학 와서 접한 물리학 이론들은 거의 외계어(外界語) 수준이었다. 영어도 안 되고 첫 학기엔 수업을 거의 알아듣지 못해 강의 시간엔 어디까지 진도를 나갔는지만 확인했다. 집에 돌아와 참고도서 찾아보며 이해될 때까지 하루 15시간씩 매달렸다. 1년 정도 지나니 조금 나아지더라고 했다.

나는 40대 초반에 미국 오레곤주립대(OSU) 대학원에서 마이크로파공학을 전공하는 박사 학위 과정을 이수했다. 대학에서 마이크로파공학을 강의했던 나도 박사 논문을 쓰면서 어려움을 경험했기에 그의 애로사항을 이해하고도 남는다. 그의 도전정신이 자랑스럽고 존경스럽다. 좌절에 빠지거나 새로운 도전에 망설이는 젊은이에게 희망과 용기를 주는 아름다운 이야기다.

강 박사는 학창 시절 물리학자가 꿈이었다. 물리·수학에 관심이 많았다. 고3 때까지 물리학과를 마음에 두고 있었는데, 학교(청주고) 화학 선생이었던 아버지가 갑자기 '법대를 가라'고 하셨다. 그때만 해도 부모님 말씀이 하늘 같던 때였고, 자신보다 세상을 오래 산 분이니 다 뜻이 있지 않을까 싶어 따랐다. 본인의 뜻과는 달랐지만 법조인으로 도합 37년간을 종사했다.

그는 정년하고 로펌으로 옮겨 로펌 운영에 관한 일을 했으나 별로 적성에 맞지 않았다. 그러다 우연히 교보문고에 들렀는데 그날따라 과학책 서가가 눈에 들어와, 기하학 책을 한 권 펼쳤더니 신기하게도 고등학교 때 호기심이 다시 샘솟는 걸 느꼈다. 공무원 연금만으로 충분히 살 수 있는 지금이 '하고 싶던 일' 에 도전할 때가 아닌가 생각했다. 그의 마음속 깊은 곳에는 물리학의 꿈이 살아 움직이고 있었다. 그러나 그는 하고 싶은 일보다 현재 해야 하는 일에 우선순위를 두는 삶을 살았다. 가지 못한 길에 계속 미련을 두면 현실이 붕 떠버릴 수 있다는 생각에서였다. 하지만 물리학을 다시 공부하겠다는 결단을 한 후엔 적극적으로 움직였다. 원래 유학까지 생각하진 않았는데 절친한 핵물리학자 한 분이 '미국에 가면 새로운 기회가 있을 거다'라고 했다. 즉시 영어 학원에 등록해 TOEFL과 GRE를 공부했다.

공부는 힘들었지만 모르던 걸 하나씩 알아갈 때의 성취감은 대단했다. 미국에서는 나이를 묻지 않는다. 그러다 보니 그도 나이를 자연스럽게 잊게 되었다. 고등학교 때 하던 공부를 이어서 하고 있으니 마음도 그 시절로 돌아간 것 같았다. 그래도 너무 늙은이처럼 보이면 안 될 것 같아 한국에선 하지 않던 염색도 하고 운동화만 신고 다녔다. 청바지도 입어 봤는데 그건 불편해서 못 입겠더라고 했다.

나도 1977년에 43세 나이로 미국 유학을 했다. 당시만 해도 40대 교수가 공학박사 학위 취득을 위해서 가족과 함께 유학 간다는 것은 쉽지 않는 결심이었다. 캠퍼스에서 젊은 한국 유학생들은 나를 노인 취급을 했다. 하지만 미국에선 아무도 나이에 관심이 없었다.

강 박사는 규칙적인 생활을 했다. 오후 10시쯤 자고, 새벽 1~2시에 잠이 깨 다시 두세 시간 공부하고, 한두 시간 더 잔 후 7시에 일어나 등교하는 생활을 7년간 반복했다. 매일 조깅도 거르지 않았다. 스트레스를 받을 땐 중학교 때부터 배운 클래식 기타를 쳤다. 밥 먹고 소화도 시킬 겸 30분씩 쳤는데 가끔 30분을 넘기면 아내한테 '빨리 공부하라'고 혼나기도 했다.

그는 은퇴 후의 삶을 고민하는 사람이 많다며 이렇게 조언을 한다. 경제적인 문제가 어느 정도 해결된다면 학창 시절을 떠올려보라. 그러면 내가 '무엇을 좋아했는지? 꿈이 뭐였는지?' 기억이 난다. 할 일이 정해지면 과감히 뛰어들어 보는 거다. 나이가 들면 신경 쓸 게 별로 없어 하나에 정진하기가 더 쉽다. 나도 그와 같은 생각이다. 그는 앞으로 1~2년간 '볼런티어(Volunteer) 연구원' 신분으로 UC머시드에서 공부할 계획이다. 볼런티어 연구원은 포스트 닥터(박사 후) 과정과 비슷하지만 보수를 받지 않고 개인 연구에만 집중할 수 있다. 그는 일자리는 젊은 사람들에게 양보하고 공부에만 전념하기로 했다.

물리학은 '세계가 어떤 원리로 움직이는가?'라는 질문에 답을 찾는 학문이다. 이미 기라성 같은 학자들이 많은 걸 알아냈지만 깊이 들어갈수록 아직 밝혀지지 않은 게 많다. 이왕 공부를 시작했으니 인간이 모르는 영역을 조금이라도 줄이는 데 공헌하고 싶다. 마음이 급하다. 무엇인가를 성취하려는 목적을 갖고 연구과제에 집중하겠다는 74세인 그의 정열에 존경과 함께 박수를 보낸다.

나는 65세에 교수직을 정년하면서 전공을 완전히 포기했다. 전공 책들은 모두 제자 교수에게 물려주었다. 급진적으로 발전하는 정보통신기술(ICT)에 도전할 자신과 열정, 그리고 능력이 없었다. 74세인 강 박사의 도전 정신은 젊은이에게 희망과 용기가 될 것이다.

적지 않은 사람들이 주어진 일에 명예와 성공을 성취했지만 그것이 자신이 진정 원했던 것이 아닐 때는 만족을 하면서도 아쉬움과 후회가 남는다. 100세를 바라보는 현세에, 가슴속에 묻어둔 재능이 있으면, 하던 일을 중지하고 하고 싶었던 일에 도전하라고 조언한다. 66세인 강봉수 박사가 로펌의 좋은 자리를 담대하게 버리고 과학을 좋아한다는 이유 하나로 새로운 분야에 도전한 정신과 용기를 상기하기 바란다.

위의 실례를 소개한 동기는 다음에서 이야기할 '자아실현(自我實現)'을 이해하는 데 도움이 될 것으로 생각했기 때문이다.

자아

우리는 '나는 누구인가?'라는 질문에 누구나 흥미를 갖지만, 나 자신도 내가 어떤 사람인지 정확히 모른다. '나'라는 철학을 처음 전개한 데카르트(1596~1650)는 인간의 주체는 곧 '나'라며 '나는 생각한다. 고로 나는 존재한다'고 했다. 수학자이며 철학자이고 종교사상가인 파스칼(1623~1662)은 '인간은 생각하는 갈대다'라고 했다. 인간은 미풍에도 흔들리는 갈대처럼 나약하다고 생각하지만 인간의 사고력(思考力)은 위대하다.

우주 공간에서 볼 때 인간은 먼지만큼이나 작고 무력한 존재이지만 인간이 생각하는 세계의 넓이와 깊이는 광대무변(廣大無邊)하다. 그러므로 인간은 위대한 존재이다. 누구도 개개인의 인격을 무시할 수 없는 존엄한 존재다.

이론물리학계의 세계적 석학이자 독보적인 미래학자 미치오 카쿠(Michio Kaku)는 그의 저서 『마음의 미래(The future of the mind)』의 서문에 이렇게 소개하고 있다.

"자연에 존재하는 가장 큰 미스터리 두 가지를 꼽으라고 한다면 나는 주저 없이 '우주'와 '인간의 정신'을 꼽을 것이다. 지난 수십 년 동안 과학기술이 눈부시게 발전한 덕에, 우리는 수십억 광년 거리에 있는 은하의 사진을 찍을 수 있게 되었고, 생명을 제어하는 유전자를 조작할 수 있게 되었으며, 원자의 내부 세계까지 탐험할 수 있게 되었다. 그러나 인간의 정신세계와 방대한 우주는 아직도 상당 부분 미지로 남아 있다. 이들은 가장 신비로우면서 가장 흥미로운 과학 분야이기도 하다.

우리 태양계가 속한 은하수에는 대략 1천억 개의 별이 존재한다. 이 숫자는 한 인간의 두뇌 속에 들어 있는 뉴론(neuron: 신경계의 기본단위 세포)의 수와 비슷하다. 우주는 방대한 규모의 '바깥세상'으로, 블랙홀과 폭발하는 별, 충돌하는 은하 등 거시적 스케일의 온갖 현상이 끊임없이 일어나고 있다. 그리고 정신세계는 내면의 공간으로, 희망과 절망, 기쁨과 슬픔, 환희와 분노 등 지극히 개인적이고 사사로운 일들이 수시로 교차한다. 이런 점에서 보면 우주와 정신은 완전히 정반대 세계인 것 같지만 이들의 역사를 되돌아보면 놀라울 정도로 공통점이 많다."

먼 옛날부터 우주와 정신은 미신과 마술의 대상이었다. 바빌로니아와 고대 중국에서 시작한 점성술(占星術)이 좋은 예이다. 우주와 정신의 다양한 공통점들을 주제로 상당수의 공상과학 소설이나 CF영화들을 제작 상영하고 있다.

데카르트는 인간의 주체는 곧 '나'라는 주장을 시작으로, '자아의 본질'에 관해 철학자를 비롯하여 많은 심리학자, 사회과학자, 뇌과학자들이 아직도 답을 찾고 있다. '자아'에 관한 구체적 개념은 몇몇 석학(碩學)들의 설명을 참고하기로 한다.

사회 심리학자이자 정신분석학자인 에리히 프롬(Erich Fromm, 1900~1980)은 그의 저서 『나는 왜 무기력을 되풀이하는가』에서 '인간의 본성'에 관해 이렇게 말한다.

"모든 인간에게 공통되는 본질이 없다면 인간의 동일성도, 모든 인간에게 타당한 가치와 규범도 존재하지 않을 것이며, 인간을 인식 대상으로 삼는 심리학이나 인류학과 같은 학문도 존재할 수 없을 것이다. 인간의 본질과 모든 인간에 공통되는 '본질적 속성'은 인간 그 자체의 일부이지만 인간의 '본질'과는 구분되는 속성이다.

인류가 존재한 이후 인간에게는 변하지 않고 동일하게 남는 것, 즉 본성이 있다. 하지만 한편으로 인간에게는 새로운 업적, 창의성, 생산성, 진보를 가능케 하는 다수의 가변적 요인이 있다.

인간을 완벽하게 정의할 수는 없다. 그럼에도 불구하고 그 '본질적 속성'들은 인간의 본성의 이미지를 상당히 정확하게 제공할 수 있다. 인간의 이성과 사랑의 능력을 발전시키는 만큼 자신의 본질에 도달한다. 인간은 인간이기 때문에 이성과 사랑이 있으며 그 반대도 가능하다. 다시 말해 이성적으로 판단하고 사랑할 수 있기 때문에 인간인 것이다. 자신을 자각하고 자신과 자신의 실존적 상황에 대해 진술하는 능력은 인간을 인간으로 만든다. 그리고 바로 그 능력이 인간의 본성의 기본 요인이다."

영국 저널리스트인 철학자 니컬러스 펀(Nicholas Fearn)은 세계에서 가장 뛰어난 21세기 지성을 대표하는 서른 명 이상의 철학자들과 인터뷰한 내용을 『철학』이라는 제목으로 집필했다. 저자 펀은 '자아'에 관해 이렇게 요약했다.

"개인의 특성이 인간 동일성의 지침이 되며, 자아를 알려주는 표시가 된다. 반면 오늘날에는 과학은 어디에서도 자아를 찾아내지 못하기 때문에 '개인의 특성'이 다름 아닌 '자아'라고 생각된다. 이제는 어떤 특성이 가장 중요한가, 그리고 그 특성이 우리가 찾고 있는 것일 수 있는가가 문제가 된다."

철학자들은 현재 시점에서 자아가 무엇인가는 시간이 흐르면서 몸과 마음이 변해도 지속되는 것이 무엇인가(동일성)를 살펴보면 알아낼 수 있다고 생각한다. 인간의 본질(본성)이 무엇인지에 관한 연구는 철학자나 심리학자나 인류학자나 뇌과학자들의 과제이다.

위에 열거한 '자아'에 관한 것은 철학적이어서 내가 이해할 수 있도록 재구성했다. 이 책에서 내가 사용하는 '본성'은 '특성'을 가리킨다. 왜냐면 철학자가 추구하는 본질과 다르기 때문이다.

'자아(自我)'는 자신만이 갖고 있는 '특성'(감정, 성격, 개성, 재능, 그리고 여타 성질 등)을 통제하는 주관자인 '나 자신'이다. 개개인의 속성들의 융합이 가장 행복하고 가장 충만한 순간에 피어나는 자신의 발현을 '자아'라고 생각한다. 즉 '자아'는 '나는 누구인가?'를 알고자 하는 과정에서 시작되는 자신의 모습이다. 자신을 아는 일은 매우 중요하지만 가장 어렵다. 자신을 알기 전에는 자신의 주인이 될 수 없기 때문이다. 이는 자신만이 갖고 있는 힘과 가치를 가리킨다. 자아실현은 이런 자아를 훌륭하게 실현하는 것이다.

진정한 자아란 타고난 특성을 기본으로 자신이 그리는 인격자라는 자화상을 스스로 만들어낸 것이지, 처음부터 주어진 특성 그 자체는 아니라고 생각한다. 나는 진정한 자아의 명료한 정의를 찾고자 고민했으나 겨우 인문학을 공부하는 평범한 사람이기에 내가 아는 지식의 범주 안에서 흥미를 갖고 성찰했다.

어떤 환경이나 장애물에도 변하지 않고 생명을 다할 때까지도 변하지 않는 나만의 특성이 내 안에 존재한다는 것이다. 이런 자아가 발현할 때

참다운 자유를 갖게 된다. 즉 참다운 명예와 성공은 부지불식간에 피어나는 자아에서 발현한다. 그렇지 않으면 언제나 불완전하고 허전한 느낌을 갖게 된다. 반대로 우리가 허구적 가짜 자아로 살아간다면 어떤 명예나 성공에도 허전함을 느낀다.

자아를 알기 위해서는 감정이나 성격이나 자질이나 재능 등과 같은 내 안에 깊이 숨겨져 있는 내적 정신세계를 관찰하는 것이다. 사람이 자기 자신을 '나'로서 받아들인다는 것은 바로 자아를 의식하고 있다는 증거인 것이다. 자아실현은 자동적으로 길러지는 것이 아니고 배우고 경험하는 가운데 자신의 잠재력과 의식이 작용하여 선택하면서 성장하는 것이다. 자아란 대인관계를 통해서 성장한다. 자신의 참된 자아에 충실한 모습으로 살지 않으면 언제나 불완전하고 허전한 느낌을 갖게 된다. 그 결과 공허감이 떠나지 않는다. 따라서 진정한 자아에는 옳고 그릇됨을 판단하는 능력이 자기 내면 깊숙이 존재한다.

내가 누구인가를 의식하는 '자아의식'은 아이가 두 살 전후에서 의식하게 된다고 한다. 유아는 육체의 성장과 더불어 의식도 성장하면서 부모와 가족, 그리고 타인을 구별할 수 있고 사물도 인식할 수 있게 된다. 자아를 의식한다는 것은 사람이 자기 자신을 '나'로서 받아들인다는 것이다. 이와 같은 인식의 능력은 눈으로 볼 수 없는 '진선미(眞善美)'와 같은 비물질적인 추상적인 용어를 이해할 수 있게 된다. 이웃을 사랑할 수도 있고 윤리적 도덕적 감정을 가질 수도 있다. 뿐만 아니라 가족이나 국가를 위해 헌신하며 더 나아가 가족이나 나라를 위하여 목숨까지 바치는 인간애가 있다. 더 자세한 자아의식의 성장에 관해서는 다음 항목에서 다루기로 한다.

자아에 관한 흥미 있는 '닭장의 독수리'라는 예화가 여러 버전으로 전해지고 있다. 그러나 그 이야기의 핵심은 동일하다. 그중의 한 예화를 소개한다.

많은 암탉과 염소를 키우는 목동이 하산 길에 바위에 떨어진 독수리 집을 발견하고 가까이 다가섰다. 두 마리의 새끼 독수리 중 한 마리는 죽고 한 마리는 움직일 수 없을 정도로 심하게 다친 상태였다. 목동은 새끼 독수리를 자기가 사는 오두막까지 데리고 왔다. 그는 독수리를 닭장에 넣었다. 그리고 지극정성으로 새끼 독수리를 돌본 결과 완전히 회복했다. 독수리가 성장하자 암탉과 염소가 걱정이 되었다. 그래서 독수리를 숲에 데리고 가서 자연으로 날아가도록 시도했으나 날아가지 못했다. 독수리는 외모는 독수리이지만 자기 본성을 알지 못하고 암탉처럼 행동하고 암탉과 비슷한 울음소리를 내게 되었다.

어느 날 독수리를 연구하는 동물학자가 닭장을 지나가다가 그 안에 독수리가 있는 것을 발견하고 목동을 만나 독수리에 관한 사연을 들었다. 동물학자는 농장에서 독수리를 해를 향해 허공으로 던졌으나 바닥으로 힘없이 떨어졌다. 동물학자는 오두막 지붕에 올라가 날렸으나 실패했다. 결국 동물학자는 독수리가 절벽에서 떨어졌던, 독수리가 태어난 산(山) 정상에 올라가 해를 향하여 날려 보내자 독수리는 자신이 누구인가를 기억하고 하늘 높이 날았다. 동물학자는 독수리가 해를 피하는 이유는 알 수 없었으나 햇빛을 보고서야 독수리는 자기의 진정한 '자아'를 발견한 것이다.(『자기대면』, 마리오 A. 푸익 지음)

20세기를 대표하는 정신의학자이며 호스피스 운동의 선구자인 엘리자베스 퀴블러 로스와 데이비드 케슬러의 공저(共著) 『인생 수업』은 죽음을 앞에 둔 사람들의 위대한 가르침을 통해 배우고 경험한 두 저자들의 진솔한 내용이다. 저자들은 추상적이 될 수도 있는 '자아'에 관한 설명을 누구나 쉽고 자연스럽게 다가갈 수 있는 이야기로 소개한다.

엘리자베스는 "당신 안에는 정의(正義)를 내릴 수 없는 불변의 무엇인가가 있다. 당신 안에는 태어날 때부터 갖고 나온, 지금까지 지니고 살아왔으며, 죽을 때도 함께할 진정한 모습이 존재한다. 놀랍게도 당신은 변함없이 당신인 것이다. 이것이 바로 '인간의 본성'이다. 현재로서는 그런 본질을 찾아내지 못했기에 나는 그것을 내 자신만이 갖고 있는 고유한 특성"이라고 말한다. 또한 그는 조각의 거장인 미켈란젤로의 예화를 들어 '인간의 본성'을 알기 쉽게 이야기한다.

"누군가 미켈란젤로에게 어떻게 피에타 상이나 다비드 상 같은 훌륭한 조각상을 만들 수 있느냐고 물었다. 그러자 미켈란젤로는 이미 조각

상이 대리석 안에 있다고 상상하고, 필요 없는 부분을 깎아내어 원래 존재하고 있었고 앞으로도 영원히 존재할 완벽한 누군가가 자신을 꺼내주기를 기다리고 있었다. 마찬가지로 당신 안에 있는 위대한 사람도 밖으로 나오기만을 기다리고 있다. 사람은 누구나 내면에 위대한 씨앗을 가지고 있다. 위대한 사람이란 다른 사람이 갖지 못한 특별한 무언가를 가진 사람이 아니다. 그는 단지 가장 뛰어난 지식을 드러내는 데 걸림돌이 되는 것들을 제거해버렸을 뿐이다."

자신의 진정한 모습을 안다는 것은 쉽지 않지만 나의 고유한 특성이 무엇인가를 알기 위해서는 우선 위선이나 허세와 같은 장애물을 대담하게 버리고 '진정한 자신'을 찾는 것이다. 현재 있는 그대로의 자기 모습을 보여줄 수 있을 때 '진정한 자신'을 찾게 된다. 진정한 자유의지를 발현하게 될 때 매사에 의미를 부여하는 긍정적인 인격이 형성된다. 나는 이러한 자신감이 생길 때 나 자신과 다른 사람을 이해하고 사랑하는 자비심이 발현한다고 생각한다. 그렇지 않을 때 불행하게도 내가 살지 않고 타인의 삶을 좇다가 진정한 자아를 상실한다.

엘리자베스는 이렇게 말한다. "당신의 진정한 자아는 어둠 속에서 당신을 인도하는 불빛과 같다. 자신이 누구인가를 깨닫게 되면 자신이 해야 할 일과 배워야 할 교훈이 보인다. 겉으로 드러나는 존재와 안에 있는 존재가 하나가 되면 더 이상 숨기거나 두려워하거나 자신을 보호할 필요가 없다."

자아의식

자아의식은 성장하면서 자기의 특성을 이루고 있는 감정, 성격, 재능, 개성, 여타 성질이나 장점과 단점 등을 알아가는 것이라고 나는 정의한다. 즉 성장하면서 자아를 구체적으로 인식하는 것이다.

본래부터 자아가 존재한 것은 아니다. 유아(幼兒) 때는 엄마에게 전적으로 의지하기에 자아를 인식하지 못한다. 그러나 두 살이 되면 어린이는 자신을 인식하고 육체적으로 성장하면서 서서히 자아를 인식하게 된다고 한다.

실존분석(實存分析)의 거장인 롤로 메이(Rollo May)는 그의 저서 『자아를 잃어버린 현대인』에서 자아를 인식하는 단계를 이렇게 말하고 있다.

첫 번째 단계는 자기의식이 생기지 않는 유아(幼兒: 학교 다니기 전 아이)가 가지는 천진난만(天眞爛漫)한 시기다.

두 번째 단계는 소위 반항기로서, 이때는 자아가 어떤 내적 힘을 가지기 위해서 자유를 추구할 때 생긴다. 이것은 사춘기(思春期)에서 가장 잘 볼 수 있는 반항과 적대의식으로 나타낸다. 이 반항은 인간이 낡은 유대를 끊고 새로운 것을 찾아야 할 때 나타난다. 크든 작든 이 반항은 필요하다. 그러나 반항 그 자체가 곧 자유라고 혼돈해서는 안 된다.

세 번째 단계는 자기에 대해 일상적인 의식을 하는 시기이다. 이 시기에 사람은 어느 정도까지 자신의 과오를 볼 수 있고 어느 정도의 편견을 가지게 된다. 죄악감이나 불안감이 들어도 이것을 가지고 어떤 인생 경험을 배우기도 하고 때로는 책임 있는 결심을 한다. 이것이 바로 일반이 말하는 건강한 인격(人格)의 단계다.

네 번째 단계는 대부분의 사람들이 느끼지 않는 어떤 특별한 의식을 가지는 시기이다. 이런 의식은 과학, 종교, 또는 예술 활동 시에 일어나기도 한다. 이는 어떤 객관적 진리에 대한 깨달음이라는 의미로 '객관적 자기의식'이라고 한다. 인간은 언제나 자기의 눈을 가지고 사물을 보고 내적·주관적 세계에서 해석하기 때문에, 항상 주관과 객관적인 이원론에 사로잡혀 있다.

다섯 번째 단계는 인간의 주관과 객관을 넘어서는 시기이다. 일시적이지만 우리는 자신이 의식하는 인격의 한계를 넘어설 수 있다.

깨달음의 세계는 억지로 이를 수 없다. 조용히 긴장을 풀고 무엇인가 받아들이려는 자세를 가지고 있을 때 순간적으로 들이닥치는 것이다.

창조적 자기의식의 시기는 인간이 매우 드물게 한 번씩 이룩하는 단계이다. 많은 사람들은 가령 음악을 들을 때나 사랑이나 우정을 경험할 때 이런 단계가 일시적으로 돌입하는 것이다. 그것은 마치 산의 꼭대기에 오른 것과 같아서 그곳에서 모든 자기의 생활을 폭넓게 바라볼 수 있다. 또는 혼자 자연의 아름다움을 감상하며 산책할 때 순간적으로 떠오르는 생각이다. 이때 고민하던 해결책이 떠오른다. 창의적인 생각이 떠오르는 것이다.

이렇듯 자아의식은 평생 동안 형성된다. 그럼 점에서 롤로 메이의 설명은 매우 명쾌하다.

자아실현

'자아를 어떻게 올바르게 실현할 것인가?'는 인간의 중요한 덕목이다. 즉 올바른 '자아실현(自我實現)'이다. 자아를 실현하고 인생을 성공적으로 이끄는 초석은 '인성(人性)'이다. 인성의 사전적 의미는 '사람의 성품'이다. 이는 각 개인이 사람과 일을 대하는 사고와 태도 및 행동에서 드러내는 특성이다. 가정교육이나 학교교육, 교우관계와 인간관계, 사회적 환경이 인성에 두루 영향을 미친다. 즉 어떤 인성을 지녔느냐가 그 사람의 성공 여부를 결정짓는다.

대부분의 사람들이 인성교육에 정답이 있다고 생각하는 것 같다. 그러나 인성교육은 영어나 수학이나 기타 획일적으로 가르칠 수 있는 성질이 아니다. 사람마다 타고난 성품이나 환경이 모두 다르기 때문에 획일적 교육과 다르다. 인성교육은 개인 스스로 자신의 인성에 대해 이해하도록 지도하는 교육 프로그램이 바람직하다.

자아실현은 자신이 누구인가를 자각(自覺)하여 자유의지를 갖고 자주적이고 자율적으로 선택과 판단하고 결정하고 책임을 지는 인성을 통해 '인격자(人格者)'가 되도록 하는 능력이다. 이와 같은 인성을 갖추면, 어떤 시련과 고난도 성공의 장애가 될 수 없다.

세계적인 부호 워런 버핏과 빌 게이츠는 어느 초청 강연에서, 한 참석자가 "부자의 비밀을 알고 싶습니다."는 질문에 이렇게 모두 대답했다고 한다.

"비결은 좋은 머리가 아니라 인성입니다."

좋은 인성을 두루 갖추면 덕목을 갖춘 인격자가 되기 때문이다.

인격자들은 자기를 내세우지 않는 겸양의 덕을 갖추고 있다. 그들은 겸손, 정직, 진실, 예의, 배려, 절제, 과묵, 관용, 공감, 상생 그리고 자기 수양을 미덕으로 삼는다. 여기서 수양의 사전적 의미는 '몸과 마음을 닦아 품성·지식·도덕심 따위를 높은 경지로 끌어올리는 능력'이다. 그들은 어떤 계획이나 일 따위가 실패로 돌아가도 좌절하거나 자제력을 잃지 않고 자아실현에 꾸준히 노력한다.

하버드대 교수이자 심리학자인 제롬 케이건(Jerome Kagan)은 그의 저서 『성격의 발견』에서 '기질에는 안정적인 면도 있지만 변하는 것 역시 분명한 사실이다. 유전적인 요인임이 분명한 기질 특성에 대해서도 환경은 그것이 발현되는 형태를 결정하는 데 중요한 역할을 할 수 있다.'고 한다. 즉 사람의 기질이란 선천적으로 타고나는 것이지만 후천적 훈련으로 변화시킬 수 있다는 뜻이다. 이는 '인성은 타고나는 것이 아니라 만들어 가는 것이다'는 것을 뒷받침하는 연구이다.

아무리 뛰어난 재능을 갖고 있다고 해도 열정과 끈기가 담긴 노력이 없으면 성공할 수 없다. 아무리 지식과 식견을 가지고 있더라도 '겸손의 미덕'이 없으면 인격적인 사람이 아니다. 성공하고 명성을 얻었다고 해도 그들에게 자신을 낮추는 '겸손의 미덕'이 없으면 인생의 실패자이다. 성공하고 명성을 얻을수록 '익어가는 벼이삭'처럼 일관된 겸손을 유지하는 사람이 인격자이다. 겸손은 오랜 세월 속에서 승패와 어려운 환경을 견디며 수양(修養)된 인격의 근간이다. 인격은 스스로 만드는 것이다. 자신을 겸손하게 낮추고 배우려는 자세를 갖고 노력하는 사람들은 더 나은 삶을 살게 된다. 그러나 세상에 완벽한 인간은 없다. 인격자에게도 크고 작은 허물이 있다. 인간에게 결점이나 허점이 있다는 것도 매력이 될 수 있다.

세상에는 남보다 더 현명하고 창조적이며 지략이 뛰어난 탁월한 사람들이 있다. 미국 16대 대통령인 에이브러햄 링컨, 남아프리카 첫 흑인 대통령인 넬슨 만델라, 20세기의 최고의 화가인 파블로 피카소, 독립투사

안중근 의사, 안창호 선생, 유대인 심리학자 빅터 프랭클 등은 서로 다르지만 공통점이 하나 있다. 그들은 한 가지 큰 뜻을 이루기 위해 초지일관 자아를 실현한 사람들이다. 그들은 모두 탁월한 사람들이다. 그들의 우월함은 계급이나 권력이나 명예나 부에 연연하지 않고 타고난 재능을 정당한 일에 적용했던 사람들이다. 자아실현한 사람에게는 자신을 정당하게 사랑하는 자부심이 있다. 즉 이들은 모두가 인격자들이다.

나는 좋은 교수가 되기 위해서는 먼저 겸손해져야 한다고 말해 왔다. 그러나 실제보다 더 실력이 있고, 권위 있는 척한 것은 아닌지 돌아보게 된다. 대부분의 교육자보다 더 노력을 기울여야 했다. 정년을 하고 보니 내 학생들에게 잘한 일보다 잘못한 일이 더 많았다고 후회한다. 다행히 내가 지도한 대부분의 대학원 졸업생들이 직장에서 기대 이상의 성과를 내고 있다는 평가를 들을 때면 그들이 자랑스럽다.

산업혁명과 자아상실

현대사회의 병폐는 인격 형성에는 별 관심이 없다. 오직 성공, 명성, 권력과 부를 이루는 일에만 신경을 기울인다.

과연 나는 인격자가 되기 위해 얼마나 노력을 했는가? 내가 걸어온 인생을 뒤돌아보며 과연 인격에 관해 글을 쓸 자격이 있는지를 자신에게 묻는다.

누구에게나 자유의지가 주어졌지만 내 의지대로 삶을 주도할 수 없는 것이 현실이다. 우리는 주위 환경과 주위에 있는 사람들의 생각과 행동에 영향을 준다. 삶의 거의 모든 영역에서 제한을 받으며 남에게 조종당하기도 한다. 부모나 형제나 친구나 상사의 눈치를 보는 경우가 적지 않다. 이와 같이 타인은 우리의 정서와 기분의 변화에 영향을 준다. 나아가 타인은 선한 행동을 할지 악한 행동을 할지 하는 도덕관에까지도 영향을 준다. 과학기술이 발전할수록 타인의 영향을 받는다. 즉 진정한 자아를 상실하고 타인의 가짜 자아로 살아간다.

그러나 행복한 삶은 자발적이고 자율적 의지로 사는 삶이다. 본래의 자아는 변하지 않는다. 우리 자신은 늘 같은 사람이었고, 앞으로도 그럴 것이다. 에리히 프롬은 이렇게 말한다.

"현대인은 남들처럼 살고 싶어 한다. 인간은 타인과 구별되지 않을 때 자신과 일치한다고 느낀다. 인간은 타인과 순응하지 않으면 끔찍한 고독이 닥칠 것이며 집단에서 추방될 위험에 처할 것이라 느낀다."

인간은 무리 짓기를 좋아하는 사회적 동물이다. 자율적 자유가 주어졌지만 자신의 의지대로 삶을 주도할 수 없다. 집단 성향 덕분에 혼자서는 엄두도 내지 못하는 기술을 개발할 수도 있다. 반면 집단 성향은 평범한 사람들을 결코 평범하지 않은 행동을 하게 할 수도 있다. 집단생활에 의해 내가 다른 사람들의 눈치를 보게 되거나 왕따를 피하기 위해 타인에게 휩쓸려 타인의 자아(가짜 자아)가 될 수 있다.

자아실현은 타인보다 우월한 자아로 만드는 것이 아니라 우리 내면에 살아있는 재능, 지성, 창의성, 사랑과 같은 개성을 발현하여 기존 정체성을 뛰어넘는 진정한 모습을 찾는 과정이다. 진정한 자아를 실현하면 자신에 대해 매우 긍정적인 의지와 자부심을 가져야 한다. 그럴 때 자기 확신을 갖게 된다. 자기 통제가 가능한 사람이 된다. 즉 다른 사람이 나를 어떻게 생각하든 전혀 개의치 않는 자기 자신(진짜 자아)이 된다. 즉 인격자가 되는 것이다.

그러나 산업혁명의 병폐로 우리는 자기 내면의 목소리에 귀를 기울이지 못하고 성공을 이룬 타인의 가치를 부러워한 나머지 타인의 자아를 자신의 진짜 자아로 착각하고 사는 사람이 많다.

산업혁명은 우리 자신과 가족 그리고 사회에 유익함을 주는 긍정적인 면이 많지만 부정적인 면도 적지 않다. 이 양면을 간단히 살펴본다.

과학기술의 발전으로 물질적 면에서 인간의 삶은 풍요로워졌다. 의술의 발전으로 신체적 조건이 개선되면서 평균수명도 길어졌다. 100세 시대를 바라보는 세상이 되고 있다. 개인의 존엄성과 자유, 평등을 옹호하는 민주주의의 확산으로 전근대적인 불합리한 관행들이 사라졌거나 격감했다.

하지만 요즘도 물질적으로 풍요로운 부강한 나라들이 있는가 하면,

먹을 식량이 부족하고 식수도 해결하지 못하는 빈민 국가들이 있다. 문제는 세계적으로 양극화가 심해지고 지구 곳곳에서 종교전쟁과 인종차별화가 계속 이어지고 있다는 것이다. 부강한 나라도 빈부격차가 심해지고 있어 일상의 불안과 불만도 커지고 있다. 자본주의가 돈을 숭배하는 황금만능주의가 되면서 민주주의가 병들고 있다.

국제사회에서는 상생하는 협력과 평화의 공존을 추구하기보다 갈등과 혐오, 테러 위협이 기승을 부리고 있다. 아이러니하게도 기술혁신은 하루가 다르게 발전하고 있다. 그 결과 세계화로 상품과 서비스는 더 다양해지고 있지만 가진 자가 더 많은 것을 누리고 있다. 자동화와 인공지능화로 생활이 편리해지고 있지만, 생존경쟁은 더 심화되고 일자리가 줄어들고 살기가 점점 고달파지고 미래가 점점 불안해진다. 과연 기술혁신이 인간의 행복을 추구하고 있는가?

그 결과, 결혼을 기피하고 홀로 사는 청춘남녀가 증가하면서 홀로족이 증가하고 있다. 공동체의 기본단위는 가정이다. 우리 기성세대는 부모 자식 간의 인간관계 속에서 사랑을 주고받고 때로는 다툼을 통해서 살았다. 가정의 애환을 통해 인생을 배우며 살았다. 신문이나 방송은 가족 간의 소중함보다 홀로족을 선호하는 듯하는 뉘앙스가 담겨 있다. 홀로족은 살기에 편할지 몰라도 바람직한 생활방식은 아니다. 내 경험에 의하면 한 가족이 어려운 생활 여건으로 불화가 발생할 수도 있지만, 어두운 점보다는 밝은 점이 더 많았던 같다. 가족이 어려워질수록 가족 간의 우애가 더욱 돈독해지고 협동심이 생긴다. 애환과 고통은 나쁜 것만은 아니다. 우리를 건전하게 성숙시키는 에너지이기도 하다. 실패 없는 성공은 없다.

3차 산업혁명의 산물로 출시된 스마트폰은 TV·게임·PC·영상통화·뱅킹·카메라·백과사전·내비게이션 등 수많은 기능을 통합한 똑똑한 기계다. 우리 일상생활의 필수품이 되고 있다. 스마트폰은 인공지능과 정보통신기술(ICT)의 발전과 더불어 그 기능은 급진적으로 발전해서 요술방망이(판도라 상자)가 되어 가고 있다. 우리나라 통계청 2015년 기준에 의하면 스마트폰 보급률이 83%로 세계 4위라고 한다.

이렇게 스마트폰이 우리에게 편리한 생활도구로 등장했지만 사용을 자제하지 않으면 행복에 병폐도 될 수 있다. 나는 노래를 좋아하여 노래 가사를 많이 알고 있었지만 노래방에 친지들과 드나들면서 내가 알고 있던 노래 가사를 거의 잊었다. 그래서 가사를 보지 않으면 노래를 부를 수 없게 되었다. 이처럼 똑똑한 스마트폰에 매사를 의존하게 되면서 기억력이 상실되고 있다. 내비게이션은 낯선 길을 찾아가는 안내자다. 이를 알려주는 안내자는 인간이 아닌 컴퓨터이다. 이에 의지하다 보니 알던 길도 잊어가고 있다. 바보가 되고 있는 것 같다.

현대사회의 가장 우려스러운 병폐는 가정이나 직장이나 때와 장소를 가리지 않고 여가만 생기면 스마트폰에 빠지는 습관이다. 눈에 스마트폰이 보이지 않으면 초조해하고 불안해한다. 그리고 자신을 성찰하는 귀한 시간이 주어졌는데도 자기만의 시간이 없다고 불평한다. 스마트폰에 빠져 가정에서도 가족 간의 소통이 사라졌고 심지어는 가족이 외식할 때도 가족 간의 소통은 없다. 각자 스마트폰이 제공하는 게임이나 별로 유익하지도 않는 SNS 미디어에서 헤어나지 못한다. 그러고는 나만의 시간이 없다고 불평을 한다. 때와 장소를 가리지 않고 걸어가면서 스마트폰을 사용하는 사람들을 보는 것은 흔한 광경이다.

스마트폰은 어디까지나 생활도구다. 잘못 사용하면 독이 될 수 있다는 것을 알고 절제하는 자세와 노력이 필요하다. 도구로 인하여 자아상실이 되면 도구가 주도자가 되고 내가 노예로 추락할 수 있다. 자각의 시간이 필요하다. 한 주에 하루, 한나절이라도 스마트폰으로부터 자유로워질 수 있도록 노력하자. 나만의 명상의 시간을 갖고 자연과 가족과 소통하는 시간을 될 수 있는 대로 많이 갖는 것이 좋겠다.

2016년 3월 9일 대한민국의 수도 서울에서 우리나라 바둑계 최고의 고수인 이세돌 9단과 인공지능 바둑 프로그램을 장착한 알파고의 대결을 통해 우리 국민들은 인공지능(AI)이라는 새로운 기술에 관심을 갖게 되었다. 선진국들은 이미 연구 개발하고 있는 기술이다. 이를 계기로 정부나 기업이 깊은 관심을 갖게 된 것은 행운이다.

4차 산업혁명이 이루어지면 인공지능이나 지능형 로봇 산업이 인간의 노동을 대신하고 어느 영역에서는 로봇이 인간을 부리는 경우도 있을 것이다. 이와 같은 발전으로 노동력이 남아 돌아간다면 실업자가 대량으로 발생할 것이다. 인류의 삶의 최종 목적은 행복인데, 4차 산업혁명으로 인류가 행복해질 수 있을까? 산업혁명으로 인한 부작용을 개선하고 행복한 사회를 위하여 인문학이 다시 관심을 끌고 있다. 우리가 지나치게 산업혁명에 매달릴 것이 아니라 인류공동체의 앞날이 어떻게 될 것인지에 대해서도 고민해야 할 때가 된 것이다.

과학과 기술혁신, 생명과학 등이 발전할수록 미래에 대한 불안이 커지고 있다. 각자 꿈꾸고 희망하며 하고 싶은 일들이 있지만, 우선 의식주를 해결하기 위해서 안전한 직업을 추구한다. 100세까지 사는 시대를 맞은 젊은이나 정년을 앞둔 사람들은 정년 후의 미래를 근심하고 불안해하며 걱정한다. 4차 산업혁명은 바람직하고 기대할 만한 미래이지만, 산업혁명이 창출하는 직업보다는 취업의 자리가 줄어드는 우려를 무시할 수 없다. 이런 시대가 과연 삶의 질을 향상시킬 수 있을지? 지금 세계는 빈부격차가 심하여 어느 빈민국은 물의 부족과 식량 부족으로 아사(餓死)하는 사람들이 적지 않다.

한 가족도 빈부격차가 커질수록 다정했던 형제자매의 우애가 멀어지고 서로간의 인간관계도 무너진다. 지구촌 세계도 이와 다를 바가 없다. 지금 우리에게 필요한 것은 사랑과 배려와 나눔, 그리고 상생이다. 미래가 불확실한 환경 속에서 개인의 평온과 행복을 찾는 길은 진정한 자아실현이다. 탁월한 사람들이란 자아실현을 이룬 사람들이다. 모든 사람들이 선망하는 직장에 입사해서 승진하고 좋은 대우를 받아 가정생활이 윤택하고 호화롭다고 해서 행복한 것은 아니니다.

우리 삶의 목적은 행복이다. 우리 모두 산업혁명으로 인한 자아상실자가 되지 않도록 노력해야겠다.

제2의 인생

정신분석학자이자 철학자인 지그문트 프로이트(Sigmund Freud, 1856~1939)는 천재적 인물이다. 그가 하고 싶었던 학문은 심리학이었다. 그는 의학을 공부했고 1881년 빈 대학에서 학위를 받았지만, 의사가 될 생각은 없었다고 한다. 그러나 과학연구의 대가로 받은 봉급으로는 아내와 여섯 명의 자녀들, 그리고 여러 친척들을 부양하기 어려워 연구에만 전념할 수 없었다. 그래서 병원을 개업해서 의사 생활을 하면서 신경학 연구를 병행했다. 그 결과 점점 장래가 촉망되는 유망한 젊은 과학자로 성장하면서 명성을 얻게 되었다. 병원을 개업하여 환자를 치료하는 임상자료가 심리학의 연구에 큰 도움이 된 것은 행운이었다.

41년 동안 의사 생활을 하였으나 의사는 생활의 수단일 뿐 진정한 목적은 '심리학자'가 되는 것이었다. 1890년 이후로 약 40년은 심리학자로 살았고 1909년 처음으로 학문적인 인정을 받았다. 그는 정신분석학을 국제적인 학문으로 확립하는 데 기여했다. 그의 생애는 심리학자, 과학자, 철학자의 삶이었고 다양한 학술 활동을 했다. 그의 저서들은 24권에 이른다(『프로이트 심리학 입문』, 캘빈 S. 홀 지음 참고).

앞에 소개한 강봉수와 프로이트 두 사람은 모두 성공한 삶이었다. 그러나 당초 그들이 '하고 싶은 일'은 아니었다. 결국 그들은 하고 싶었던 일에 도전하여 승리한 사람이다. 강봉수의 경우는 전직과는 전혀 상관관계가 없는 물리학 분야에 도전하고 미국에 유학해서 학부 공부부터 시작해서 73세에 물리학 박사학위를 취득했다. 심리학계의 거목(巨木)인 프로이트 박사는 가족의 생계를 위해 정신과 의사가 되었으나 심리학 연구를 의사 생활과 병행하면서 원래의 뜻을 성취한 심리학자다. 물론 프로이트는 서로 관련이 있는 학문에 도전했으니 강봉수의 경우보다 훨씬 유리한 조건이었다.

우리 주변에도 원래 자기 자신의 재능을 발견하고도 여러 가지 환경 조건으로 도전하지 못한 사람들이 많다. 과거의 학창 시절에 '하고 싶었던 일'을 절실하게 느낀다면 지금 바로 시작하는 것이 어떨까? '시작이 절반'이라는 명언을 상기해보자.

나는 1957년 2월에 국립항공대학(현 한국항공대학교 전신) 통신공학과 졸업과 동시에 국영 서울중앙방송국(현 한국방송공사, KBS 전신) 기술직 공무원으로 취업했다. 당시에는 기술직 공무원에게 병역면제 특혜가 주어졌다. 그러나 좀 더 자유로운 인생의 선택을 위해 6개월 근무하고 사직했다. 그리고 공군기술장교 후보생에 지원, 5개월간의 훈련을 받고 1958년 3월에 공군 소위로 임관했다. 이것이 내 인생을 바꾸는 '첫 번째 선택'이었다. 지금 생각해도 내 생애에서 가장 자랑스러운 선택이었다. 나의 대학 재학 시절 꿈은 교수가 되는 것이었다.

나는 공군에서 통신기술 장교로 근무하면서 항공기 유도 전자 장치인 레이더(RADAR)를 공부할 기회가 있었다. 이런 인연으로 1963년에 공군을 제대하고 모교 전자공학과 강사로 채용되었다. 1966년도 영국정부에서 항공 전자 장치와 관련된 교수에게 1년간 지원하는 장학 프로그램이 있었다. 나는 모교 총장(당시는 학장)의 추천을 받고 주한 영국대사관에서 영어시험과 면접시험에 응시했다. 합격하자, 영국 정부 장학생으로 유학, 1966년 10월에 영국 정부산하 교육기관인 '항공전자장치교육원'에 입학했다. 1년간 영국 기성 엔지니어들과 함께 실습을 겸한 교육을 받았다. 외국인 수강생은 나 혼자였다. 1967년 9월에 귀국해서 영국 항공전자장치교육원에서 1년간 공부하고 연수한 내용을 한국정부에 제출하게 되어 있었다. 나는 보고서로 〈항공 전자 장치〉라는 제목으로 집필한 보고서를 정부에 제출했다. 이 보고서를 책으로 출판해서 전자·통신공학과 학생의 교과서로 사용했다. '항공 전자 장치'에 관한 참고서로는 국내에서 유일하다.

나는 모교에서 전자공학과와 통신공학과 교수로 14년간 근무했다. 1977년도 1학기를 끝으로 사직을 하고 가족과 함께 미국으로 유학했다. 1977년 9월 학기에 오레곤주립대학(OSU) 대학원 박사과정에 입학, 마이크로파 전공으로 1981년도에 공학박사가 되었다. 공학박사 학위를 받자 미국에서 통신위성전자 회사에 선임 엔지니어로 취업하고 1년간을 근무했다. 교수의 미련이 남아 있던 차에 마침 박정희 대통령 시절 외국 학자 유치정책이 있었다. 정부에서 외국 학자에게 일자리를 알선하고 이사 비용 일체를 부담했다. 당시 나는 단국대학교 총장의 초청을 받아 1982년 2학기에 교수로 부임했다. 그리고 1999년도에 정년을 했다. 정년 후에는 내가 초등학교 시절 가졌던 꿈을 이루기 위해 음악학원에 등록하고 기악 공부를 했으나 건강 문제로 음악을 포기하고 독서에 취미를 갖게 되었다.

독자 여러분 가운데 자기 자신의 재능에 미련이 있으면 망설이지 말고 용기를 내어 도전하기 바란다. 끝으로 남기고 싶은 이야기가 있다. 인간의 속성에는 선과 악이 공존하고 있다. 즉, 이기적 자아가 있다는 것이다. 이것은 가짜 자아다. 진짜 자아가 내는 소리를 들어야 만이 세상을 명확하게 볼 수 있다.

미래가 불확실한 세상일수록 자아실현의 중요성을 깨닫고 이행하여 행복한 삶을 준비하는 것이 어떨지?

CHAPTER

[03] 일을 해야 할 이유

일을 해야 할 이유

인간은 일하기 위해 태어난 사회적 동물이다. "왜 일해야 하느냐"고 묻는다면, 대부분의 사람들은 "먹고 살기 위해서죠"라고 대답할 것이다. 그게 첫 번째 이유다. 그러나 인간은 의식주(衣食住)만이 인생의 전부가 아니다. 만약 살기 위해서 일을 한다면 마이크로소프트의 창시자이며 회장인 빌 게이츠, 미국의 투자 귀재인 버크셔 해서웨이 회장 워런 버핏, 페이스북 창립자이자 최고경영자(CEO)인 마크 저크버그 등의 백만장자들은 일하지 않아도 된다. 그럼에도 그들은 여전히 열심히 일을 한다. 일하는 이유는 단순히 의식주를 해결하기 위한 것만은 아니다.

백만장자는 일하지 않아도 된다고 행복할까? '일하지 않으면 무슨 재미로 살 수 있을까?'를 상상해보라. 인간은 단순히 돈을 위해 일하는 것은 아니다. 일이 있다는 것이 고맙고 소중하기 때문이다.

우리는 일을 통해서 삶의 보람과 정신적인 만족감을 얻는다. 세상사를 배우고 경험하면서 인간관계를 형성한다. 일을 통해서 삶의 의미를 깨닫게 된다. 그러므로 일은 삶을 이끄는 진리이다. 세상에 일이 없다면 무슨 재미로 살 것인지 상상해보자.

하지만 "사실은 일하기 싫지만 평균적인 생활수준을 유지하기 위해서 일하지 않을 수 없다"고 말하는 사람도 많다. 일이란 어떤 종류건 힘들고 고달프다. 대부분이 장시간 집중력을 요하는 작업이다. 물론 일 자체가 싫은 사람도 있겠지만 대부분은 '자기가 하는 일이 싫다'거나 '그 회사에서 일하는 것이 싫다'는 이유일 것이다. 이렇게 생각하는 사람은 불행한 사람이다. 조금만 자신의 마음을 바꾼다면 모든 것은 행복으로 변할 수 있다. 일을 의무로 생각하고 평생을 산다면 시간이 흐를수록 괴로워질 것이다. 자기가 하는 일을 보람으로 알고 좋아하고 사랑해야 한다.

우리는 더불어 사는 공동체를 형성하며 산다. 서로에게 필요한 것들을 제공하고 교환하며 서로 협조하며 산다. 좋은 인간관계를 이루기 위해서는 서로를 존중하고 사랑하는 마음을 가져야 한다. 우리는 혼자 살 수 없다. 누군가의 도움을 필요로 하는 존재다. 모두 일을 통해서 이루어진다.

최선을 다해 일하고 얻은 결실은 자신뿐만 아니라 가족과 이웃에게 행복을 위해 사용할 수 있다. 우리의 손길을 기다리는 독거노인이나 소년소녀가장이 있다. 지금도 세상 각지에는 우리의 도움을 기다리는 가난한 사람들이 있다. 우리 땀의 결실을 그들에게 나누어 줄 수 있다면 훌륭한 봉사활동이 될 수 있다. 나도 국내외 봉사단체에 간접적으로나 참가하고 있다.

정년퇴직 후에 자기가 알고 있는 지식이나 특기, 아니 정년퇴직 후에 평소 자기가 하고 싶었던 일을 다시 배우고 공부한 지식과 특기로 노인정, 요양원, 고아원 등에서 봉사하는 사람들을 보면 부럽고 존경스럽다. 그들은 모두 자신에게 주어진 시간을 충실하게 보낸다. 그래서 그들은 모두 행복하게 보인다. 하지만 할 일이 없어 전철역이나 백화점 로비를 서성거리며 지루하게 시간을 보내는 사람들은 우울하게 보인다. 그다지 행복하지 않다. 우리 사회도 복지관이 각처에 많이 있다. 배울 마음만 있으면 자기의 취미를 살려 즐거운 여생을 살 수 있지 않을까?

인간은 누구나 남보다 잘 살려는 욕심과 욕망이 있다. 그 결과 사람들은 서로 경쟁을 하며 돈·출세·성공·명예·권력을 추구한다. 그러나 이보다 더 소중한 것은 일을 통한 성취감과 만족감과 행복감을 갖는 삶이다. 일을 해서 얻은 결실로 어려운 이웃들을 도와주고 재능이나 지식을 나누어 주고 배려하며 선의를 베푸는 삶이 중요하다. 더욱 중요한 것은 사랑의 동기에 의한 봉사와 헌신을 통한 화목과 평화이다. 부부간의 화목, 형제자매간의 화목, 건강한 인간관계들 모두 그 근간(根幹)은 사랑이다. 우리 인간의 본능에는 측은지심(惻隱之心)이 있다. 타인이 위기에 처한 것을 보면 자신의 위험도 잊고 타인을 구하는 사랑이 있다. 이밖에도 인간에게 소중한 비물질적인 인정(人情)이 있다. 우리는 일을 통해서 인간관계를 형성하는 사회적 동물이기 때문이다. 우리는 일을 통해 인내와 겸손을 배우며 인격을 형성한다. 그래서 일에는 귀천이 없고 귀하고 소중한 것이다.

인간의 성취감이나 만족감과 행복감이 고난과 시련과 장애와 성패의 기복(起伏)의 크기에 비례한다는 것을 경험하게 될 것이다. 그러나 이와 반대로 비도덕적 행위로 부(富)나 권력을 추구하고 타인을 이용해서 남의 명예를 도용하고 비도덕적 행위로 성공과 권력과 명예를 누리는 사례도 적지 않다. 흔히 경험하는 사기가 이에 속한다.

1960년대도 대학 졸업자들이 취업하기 힘들었다. 지금보다는 비교하지 못할 정도로 어려웠다. 그때만 해도 공기업이나 민간 기업들이 별로 많지 않았다. 무슨 일이든지 일이 있다는 것이 중요했다.

그 어렵던 시대를 지낸 기성세대나 풍요롭게 자란 오늘날의 세대나

가능한 한 편하고 쉬운 일을 선호하는 것은 마찬가지다. 다만 우리가 자란 시대는 생존을 위해서는 돈이 되는 것이라면 무슨 일이라도 하지 않을 수 없었다. 그렇지 않으면 입에 풀칠하기도 힘들었다. 찬밥 더운밥 구별하는 것은 사치였다. 지금처럼 좋은 직장, 마음에 맞는 직장을 찾는다는 것은 꿈조차 꿀 수 없었다.

오늘의 시대는 자기 꿈만 키울 수 있는 기업이면, 이름 없는 기업이라도 입사해서 자기 능력과 실력을 연마하고 경험할 수 있다. 실패를 하더라도 그 실패는 미래를 위한 자원이다. 열심히 일하는 사람에게는 반드시 그 보상으로 성공의 기회가 주어진다. 우연한 행운도 준비된 사람에게 주어진다는 것을 나도 경험했다.

새벽에 폭우가 내리고 눈보라가 쳐도 일정한 시간에 신문이나 우유를 배달하는 아르바이트를 하는 청소년을 대할 때 존경심이 간다. 이들 중에는 학비를 벌기 위해서 신문이나 우유를 배달하는 학생들도 많을 것이다. 그들은 고달프고 힘든 노동이 돈을 버는 수단뿐만 아니라 내 꿈을 키워주는 인생을 배우는 현장이라고 '삶의 의미'를 부여했을 것이다. 이들은 신문이나 우유를 배달하는 노동을 하찮은 일로 여기지 않고 인생의 디딤돌로 생각했을 것이다. 이런 청소년들을 비롯한 많은 젊은이들에게 베스트셀러이었던 도서 『왜 부자들은 모두 신문배달을 했을까』를 권하고 싶다. 이를 소개하면 이렇다.

마케팅 컨설팅 업체인 폭스사(Fox&Co)를 설립한 이 책의 저자 제프리.

J. 폭스(Jeffrey. J. Fox)의 서두를 정리하면 이렇다.

미국의 경제지 '포브스'가 선정한 억만장자 400명(워렌 버핏, 잭 웰치, 월트 디즈니, 톰 크루즈, 샘 월튼, 앤드류 빌 등)을 조사한 결과, 이들의 첫 직업은 신문배달이 가장 많았다. 처음부터 타고난 줄 알았던 억만장자 대부분이 밑바닥부터 출발했던 것이다. 믿기 어렵겠지만 사실이다. 금수저를 물고 태어난 행운아들은 그리 많지 않았다.

그 시절 신문배달은 보통 청소년들이 했다. 이들은 친구들이 아직 포근한 잠을 자고 있는 새벽에 일어나 추운 겨울이나 무더운 여름, 눈보라가 치고 폭우가 내려도 일정한 시간에 신문을 배달했다. 신문배달 하는 청소년들은 힘들고 고단한 노동을 통해서 금전, 건강, 피땀 등의 소중함 그리고 절약 정신, 인내력, 투지력, 세상사, 비즈니스의 기본 등을 체험했다. 이와 같은 소양과 덕목은 학교 교육이나 책에서 배울 수 없는 큰 자원이다. 주유소와 세차장 아르바이트, 음식점 서빙 등이 그 뒤를 이루었다고 했다. 이와 같은 체험이 인생의 밑거름이 되어 백만장자가 되었다고 생각한다. 이들에게는 변변한 학위나 스펙이 중요한 것은 아니었다.

『왜 부자들은 모두 신문배달을 했을까』는 열세 살 소년 '레인'이 신문배달부로 일하면서 부딪치고 깨지며 배운 모든 경험이 밑거름이 되어 마침내 '레인메이커(조직과 회사에 이익의 단비를 내리게 하는 존재)'로 성장하고 MBA 박사학위를 받는 성공 과정과 방법을 다룬 이야기이다. 이 책에서 레인의 아버지는 그에게 이렇게 이야기한다.

"레인, 신문배달은 단순해보이지만 그렇게 만만한 일이 아니다. 네가 한 회사의 사장이 되는 거라고 생각하면 된다. 구독자들은 너의 고객이고, 배달 구역은 너만의 사업장이라고 할 수 있지."

저자는 소년 레인을 통해 일을 대하는 자세와 근성이 결국 성과를 좌우한다는 점을 알려준다. 그중에 이런 내용이 있다.

'성공한 사람은 물론이고 열심히 살아가는 사람들에게는 한 가지 공통점이 있다. 직업은 어떤 것이라도 상관없다. 벽돌공이든 헤지펀드 매니저든 세차장 직원이든 자동차 회사 사장이든 워킹 맘이든 간에 성공하는 사람들은 항상 움직인다. 어딘가를 향해 나아간다! 매장으로, 공장으로, 일터로 발걸음을 재촉한다. 그들은 주저하지 않고 고민하지 않으며 핑계 대지 않는다. 또한 자기 자신을 믿고 불확실함이 지배하는 전투에서 매일 매일 싸워나간다. 두렵지만 주눅 들지 않고 놀랍지만 압도되지 않는다.'

시작이 절반이라고 한다. 하고 싶지 않은 일을 열심히 하는 가운데 그 가치를 발견하고 그 일에 보람과 긍지를 느끼는 사례도 많다. 이것이 우선 일을 해야 하는 이유이다. 여기에 행복한 인생을 살아가는 지혜가 있다.

나는 젊은이들이 큰 대어를 잡기 위해 황금 같은 시간을 낭비하지 말고 꿈을 이루기 위한 일이면 시시하고 하찮은 일이라도 찾아 생계를 꾸리며 꿈을 키우는 일에 최선을 다했으면 한다. 반드시 행운의 기회가 주어진다고 믿는다. 긴 밤이 지나고 새로운 아침이 밝아오듯이 고난 속에서 기쁨과 행복이 솟아나리라고 믿는다.

처음부터 자기가 원하는 일이나, 하고 싶은 직장을 찾기란 매우 어려운 일이다. 지금 대학을 졸업한 사람들도 삼수까지 하면서 원하는 일을 하려고 노력하고 있다. 이들은 그래도 가정형편이 나은 사람들이다. 옛날에는 일할 수 있는 직장이라면 자기 의지와는 상관없이 살기 위해서 일을 열심히 했다.

현실은 어떤가? 대학을 졸업하고 내가 하고 싶고, 좋아하는 일이나 잘하는 일을 찾는 것보다는 보수나 대우가 좋다는 대기업이나 공직을 찾는 사람들로 만원을 이루고 있다. 공직이 평생을 보장하는 직장이라고 지난 2017년 4월 9급 공무원 시험에는 23만 명이 넘는 청춘들이 모두 합격하겠다는 일념으로 애타는 하루를 보냈다. 고시촌에서 몇 년의 준비는 이제 당연한 통념으로 받아들이고 있다고 한다.

어렵게 입사한 신입사원 중 1년을 넘기지 못하고 열 명 중 세 명꼴로 이직을 한다고 한다. 일반적으로 신입사원들에게 1년 동안이 가장 힘든 시기라고 한다. 자유롭던 대학생활과는 다른 꽉 짜인 조직생활이 그들에게 힘겨울 수 있기 때문이다.

4차 산업혁명이 진행되고 있는 급변한 기술혁신 속에서 평생직장은 이미 자취가 사라지고 있다. 거기에 100세를 내다보는 현실에서 우리는 일생에 몇 번이나 직장을 옮겨야 할지 모르는 불확실한 미래에 당면하고 있다. 이런 불확실한 사회에서 살아남기 위해서는 자기가 좋아하거나 잘하는 일을 찾아 자기만이 할 수 있는 일을 개발해야 할 것이다. 미국 대학인 경우 유명한 대학일수록 4년 만에 졸업하는 학생 수가 적다. 심지어 60%나 되는 대학도 있다고 한다. 그들은 한국 학생들보다 여유롭게 공부하는 것 같다. 우리나라처럼 4년 이내에 졸업해야 한다는 강박감이 없다. 공부하기 싫으면 1년간 휴교하고 사회에 나가 아르바이트 생활이나 직장생활을 하거나 학자금을 벌다가 복학한다. 복학한 학생들이 더 열심히 공부한다고 한다. 대학교육의 필요성을 더욱 절실하게 느낄 수 있다.

내가 미국 유학 생활을 하면서 본 바로는 자기 전공에 필요한 필수나 선택과목에만 구애받지 않고 자기가 좋아하는 과목들을 수강해서 부전공을 이수하기도 한다. 그 결과 한 학기나 두 학기 늦게 졸업하게 된다. 한국에도 부전공을 선택하는 학생들이 있지만 4년을 초과해서 졸업하는 것을 불명예로 생각하는 경향이 있다. 요즈음은 자기가 원하는 직장에 입사하기 위해서 일부러 삼수도 한다고 한다.

젊음이 부러운 것은 그들에게는 모험심과 도전정신, 용기와 패기, 꿈과 희망, 정열과 열정이 있기 때문이다. 그런데 불행하게도 가정교육이나 학교 교육이나 사회 환경이 무한한 창의력을 가진 청소년들을 획일적인 인간으로 만들고 있는 것 같아 안타깝고 답답하다.

부모나 교육기관과 정부는 4차 산업혁명에 당면한 청소년들을 어떻게 자기만의 재능을 찾아 자아실현 할 수 있도록 교육할 것인지를 고민해야 할 것이다. 담대하고 혁신적 교육혁신이 필요한 때가 된 것 같다. 시기가 빠를수록 좋다고 생각한다. 국가나 사회가 협력하지 않으면 우리의 장래는 어두울 수밖에 없다. 선호하는 공직, 공기업, 대기업, 금융계 등을 지망하는 지원자들이 너무도 많아 경쟁이 치열하다. 비록 월급과 대우가 좀 낮다고 하더라도 자기가 하고 싶고 좋아하는 일이라든지, 비록 마음에 들지 않아도 희망이 보이는 곳이라면 일단 도전해서 그 직장을 성장시키겠다는 용기와 패기를 가진 청소년들이 되었으면 한다. 일은 어떤 일이든 소중하고 중요하기 때문이다.

'좋아하지 않는 일'을 '좋아하는 일'로 자신의 마음을 바꾸자 인생이 달라지는 성공사례가 있다. 그가 바로 일본에서 가장 존경받는 3대 기업가 중 한 명으로 꼽히는 이나모리 가즈오 교세라 명예회장이다. 그의 생애에 관한 이야기는 다음 항목 '하고 싶은 일을 하라'에서 소개한다.

산업이 발달할수록 구직이 힘든 세상에 자기 입맛에 맞는 직장만을 추구하는 것은 시간낭비다. 싫어하는 일도 자기 하는 일에 의미를 부여하고 열정과 끈기를 갖고 열심이 노력하면 그 일에서 자신의 재능을 발견할 수 있다는 것을 믿기 바란다. 왜냐면 정열과 끈기의 노력(그릿, GRIT)

도 재능이기 때문이다. 아무리 타고난 재능이 있다고 하지만 피땀의 노력이 따르지 않으면, 그 재능도 무용지물(無用之物)이라는 사실을 상기하기 바란다.

CHAPTER

[04] 하고 싶은 일을 하라

하고 싶은 일을 하라

내가 대학 교수 시절에 학생들과 상담하는 기회가 많았다. 문제는 놀랍게도 대부분의 학생들이 '자기가 하고 싶은 일이 무엇인지', '좋아하거나 잘하는 일이 무엇인지'를 모른다는 것이었다. 그 이유를 조금한 생각하면, 그럴 수밖에 없겠구나, 이해가 된다. 대부분의 부모들이 가정교육부터 아이들의 재능이나 좋아하는 일을 찾아주려고 노력하기보다는 출세 지향적인 교육에 마음을 빼앗기고 있다는 것이다. 그 결과 학부모는 자기 자녀의 재능보다는 무조건 명문대학에 입학시켜야만 출세의 길이 열린다고 믿는다. 이런 사회적 환경에서 자라게 되면 자기 재능이나 능력이 무엇인지를 스스로 생각할 기회조차 허락되지 않는다. 그저 부모가 하라는 대로 공부해야만 한다. 이런 사회풍조는 생활이 넉넉한 가정에 해당할 수도 있으나 가정형편이 넉넉지 않는 부모들에게도 영향을 미쳐 부모의 허리를 휘게 한다.

4차 산업혁명에 당면해 현 교육이 바람직한지? 학부모들이 냉정히 뒤돌아보고 반성해볼 일이다. 정부 교육정책이 혁신적으로 변해서 학부모들의 짐과 스트레스를 덜어주고 행복 지향적인 사회가 되도록 선도하길 바란다.

얼마 전 어느 일간지에서 '공부가 뭐길래'라는 기사를 읽고 마음이 아팠다. '다음 생에는 공부 잘 할게요, 미안해요'라는 내용의 문자를 부모에게 남기고 20대 청년이 자살했다는 기사였다. 실종 나흘 만에 발견된 이 청년은 고등학교 졸업 후 한 반도체 회사에 다니다가 실직한 상태였다고 한다. 청년은 생각했나 보다. 자신이 공부를 잘하는 아들이었으면 부모님을 더 기쁘게 해줬을 텐데 하고 말이다. 공부를 못해 대학에 못 갔고, 그래서 실직했다고 생각했는지도 모르겠다. 그는 평소 고졸 사원으로서 느끼는 자괴감을 가족들에게 토로했다고 한다.

자녀들에 대한 부모의 제일 큰 덕목은 자식의 재능과 능력을 발견해서 자녀가 원하는 길로 가도록 뒷받침해주는 것이라고 생각한다. 하나님은 모든 인간 개개인에게 재능을 주셨다. 그러나 자녀의 재능을 무시한 채 부모가 원하는 출세 길에만 집착하는 것이 문제이다.

전공에 상관없이 명문대학에만 들어가면 된다는 부모의 욕심은 자식을 점점 더 불행하게 만든다. 집착을 사랑으로 착각하고 합리화한다. 참으로 위험한 생각이다. 집착이 집념과 다른 것은 애착을 버리지 못하고 사로잡혀 주위를 살피지 못하고 집념이 머릿속에 박혀 빠져나오지 못하는 것이다.

각자의 그릇의 크기는 모두 같지 않다. 큰 것도 있고 작은 것도 있다. 그러나 그 그릇 안에 어떤 내용을 넣어줄 것인지가 더 중요하다.

우리가 살아온 길을 돌아보자. 세속적인 출세가 곧 행복이 아니라는 것을 주변에서 보게 된다. 자식들의 행복이 무엇인가를 생각해야 할 절실한 때다. 우리 경제 규모가 세계의 상위권에 있다고 하지만, 국민의 존경을 받는 인물이 없다는 것은 우리 현실의 불행이다.

학교 교육은 답이 있는 교육이다. 그러나 사회에서 부닥치는 문제들은 답이 없기 때문에 자기가 노력해서 답을 만드는 창의력을 필요로 한다. 그러기 위해서는 '자기가 좋아하는 일'이나, '잘하는 일'이나, '하고 싶은 일'을 하라고 하지만 자기의 재능을 찾는 일이 쉽지 않다.

나는 재능보다 더 중요한 것은 노력이라 생각한다. 아무리 타고난 재능이 있다고 해도 '열정과 끈기를 수반한 노력'이 없다면 성공할 수 없다. 나는 30여 년의 교육자 생활을 통해서 노력하는 자에게 능하지 못한 것이 없다는 생각을 했다. 즉 성공하는 사람에게 중요한 것은 '재능보다 노력'이라고 생각했다.

세상은 원래 공평한 것이 아니다. 공기나 물이나 자연은 누구에게나 공평하게 주어졌지만 내가 어떤 부모에서 태어나느냐 하는 것은 내가 선택할 수 있는 것이 아니기 때문이다. 좋은 환경, 부유한 가정, 행복한 가정, 명문가에 태어난 사람은 인생의 출발 지점이 그렇지 못한 가정에서 태어난 사람의 출발 지점보다 그만큼 앞설 수밖에 없다. 이와 같은 운명은 나의 선택이 아니기 때문에 세상을 원망할 수밖에 없다. 이를 흔히 속된 말로 자기의 '팔자'라고 하고 좀 더 고상한 말로 표현하면 '운명(運命) 또는 숙명(宿命)'이라고 한다.

'즐거운 일', '재미있는 일', '취미', '잘하는 일', '재능이 있는 일' 중에 누구에게나 적어도 하나 정도는 있다. 그러나 이들이 반드시 '하고 싶은 일'이 되는 것은 아니다. 사람들에게는 '하고 싶은 일'이 따로 있을 수 있다. 그러나 막상 하고 싶은 일이라도 직장에 입사에서 그 일을 한다고 해서 처음부터 나와 잘 맞지 않을 수 있다. 일을 해보지 않고는 좋아하는 일을 발견할 수 없다. 아무리 내가 좋아하는 일이라도 막상 일을 하다 보면 싫어지기도 한다. 그러나 싫은 일도 그 일에 의미를 부여하고 열심히 하다 보면 그 일이 좋아질 수도 있다. 싫다고 해서 처음부터 노력도 해보지 않고 포기하는 것은 어리석은 자세다.

주변의 많은 사람들이 '좋아하는 일을 해야 한다'고 말한다. 그렇게 해야 능률이 오르고 집중력이 생긴다고 말한다. 누구나 처음부터 하고 싶은 일을 하면 즐거운 마음으로 열심히 노력하겠지만, 처음부터 자기가 하고 싶은 일을 찾기란 쉽지 않다. 생활을 책임져야 하는 사람들은 우선 의식주를 해결해야 하기 때문에 닥치는 대로 일을 할 수밖에 없다. 그러나 취직이 어려운 현실에서 대부분의 사람들은 전망이 있다고 생각하는 직장이 있으면 자기 전공을 가리지 않고 입사한다.

비록 주어진 일이 마음에 들지 않더라도 자기가 해야만 하는 일이라면, 열심히 해보는 것이 적극적이고 긍정적인 삶이 아닐까? 열심히 하다 보면 애초에 원하지 않았던 일이지만 의외로 흥미와 보람을 느낄 수 있는 경우도 많다. 여기서 의미 있는 삶의 가치를 발견할 수도 있다. 왜냐하면 자기가 원했던 일도 하다 보면 적성에 맞지 않아 포기할 수도 있기 때문이다. 사실 대부분의 사람들은 일을 하지 않고는 자기가 좋아하는 일이 무엇인지를 발견하지 못한다는 것이다. 나는 '모든 것은 자기 하기에 달렸다'는 평범한 말을 믿는다.

우리는 재능 신화에 현혹되어 대부분의 사람들이 열정과 끈기로 성공했다는 사실을 잊고 있다. 천재적 재능을 가진 사람들의 명성만 바라볼 뿐, 그들이 성공 성취를 위해 얼마나 피땀을 흘렸는지 그 과정을 알려고 하지 않는다. 세계적인 발레리나 강수진이나 2010년, 2014년 동계올림픽 피겨스케이팅 분야에서 각각 금메달과 은메달을 수상한 김연아 선수가 어려운 여건 속에서도 승패에 굴하지 않고, 얼마나 혹독한 훈련 과정을 견디었는지를 간과한 채 그 영예(榮譽)만을 부러워한다. 나는 교육자 생활을 하면서 인생의 성공에 있어서 노력이 재능보다 중요하다는 것을 학생들을 통해서 발견했다. 그리고 우연히 이를 뒷받침하는 책을 발견했다.

'천재들의 상'으로 불리는 〈맥아더상(MacArthur Fellowship)〉을 수상한 펜실베이니아 대학교의 심리학과 교수인 앤젤라 더크워스(Angela Duckworth)가 쓴 『그릿(GRIT)』은 '인생에 있어서 재능이나 성적보다 더 중요한 것은 열정과 끈기를 수반한 노력이다'는 연구가 담긴 책이다. '천재들의 상'은 이런 사실을 밝혀내서 받은 상이라고 한다. 여기서 'GRIT'는 성장(Growth), 회복력(Resilience), 내재적 동기(Intrinsic Motivation), 끈기(Tenacity)의 앞 글자를 따서 만든 단어로 저자 앤젤라 더크워스가 개념화한 용어다. 성공과 성취를 끌어내는 데 결정적인 역할을 하는 투지 또는 용기를 뜻하며, 단순히 열정과 근성만을 의미하는 것이 아니라 담대함과 낙담하지 않고 매달리는 끈기 등을 포함한다. 그릿의 핵심은 열정과 끈기와 노력을 함축한 용어다.

저자는 이러한 사실을 밝히기 위해 다음과 같은 연구를 시작했다.

엄격한 학업과 체력 기준을 통과해 입시전형에 합격한 미국 육군사관학교인 웨스트포인트 생도 다섯 명 중 한 명이 졸업 전에 중퇴한다. 더욱 놀라운 점은 중퇴생의 상당수가 입학한 첫해 여름에 실시하는 7주간의 집중 훈련인 비스트 배럭스(Beast Barracks)에서 누가 중도 탈락하고 누가 끝까지 훈련을 받는지, 문제아들만 있는 학교에 배정된 초임 교사들 중 누가 그만두지 않고 아이들을 가르치는지, 매일 당하는 일이 다반사인 영업직에서 어떤 영업사원이 중도에 포기하지 않고 좋은 판매 실적을 내는지 등을 저자는 연구했고, 그 모든 성공의 한가운데에 '그릿' 정신이 있음을 밝혀냈다. 여기서 '그릿'은 포기하지 않고 노력하는 힘이며 역경과 실패 앞에서 좌절하지 않고 끈질기게 견딜 수 있는 능력이다. 누구나 중요하다고 생각만 할 뿐, 그것이 성공에 있어서 어떻게 작용하는지 알지 못했던 '그릿의 힘'을 저자 앤절라 더크워스는 10년에 걸친 연구와 실증 사례들, 각계각층의 사람들과의 인터뷰한 사례들, 그리고 어떻게 그릿의 성장을 기를 수 있는지를 명쾌하게 제시했다.

웨스트포인트 심리학 교수인 마이크 매슈스는 웨스트포인트 신병훈련이 자신이 청년 시절 공군에 입대해서 받은 신병훈련과 유사하다고 하면서 그녀에게 이렇게 설명했다. "위기 대처 능력과 재능은 아무 상관이 없다는 놀라운 사실을 목격했다. 실제로 훈련 도중에 포기하는 신병들 중 그 이유가 능력이 부족해서인 경우는 드물었다. 그보다 중요한 것은 '절대 포기하지 않는' 태도였다." 저자는 '절대 포기하지 않는 근성(根性)'이 '그릿'이라고 생각했을 것이다.

저자 앤절라 더크워스는 이 책에서 어떤 영역에서든지 뛰어난 성취를 이루는 가장 큰 요인은 지능도, 성격도, 경제적 수준도, 외모도 아닌 바로 '그릿'이었다는 점을 밝혔다.

미국 여론조사 기관의 최고 경영자인 마커스 버킹엄과 도널드 클리프턴은 공저(共著)인 『강점혁명(Discover your strengths)』에서 '재능'이란 생산적으로 쓰일 수 있는 사고, 감정, 행동의 반복되는 패턴이라고 정의했다. 그들은 '약점이나 강점'도 생산적으로 쓰일 수 있는 일에 적용하면 이들 또한 재능이라 했다. 이렇게 생각하면 재능의 의미는 매우 넓다. 이와 같은 재능의 정의를 적용하면 '그릿을 수반한 노력'도 재능이다.

대부분의 사람들은 '좋아하지 않는 일'부터 시작한다. 처음에는 그 일이 낯설고 너무 힘들고 따분해 보이기도 할 것이다. 시행착오도 있을 것이며 불안하기도 할 것이다. 잘 되지 않으면 자신을 비하하고 불만스러워 할 수도 있다. 그 결과 매사에 불평을 하고 짜증을 내며 주어진 일을 대충하고 빨리 해치우고 싶을 것이다. 이는 자신에게 아무 도움이 되지 않을 뿐, 자신을 초라하고 무능력한 사람으로 만드는 일이다.

처음부터 좋아하는 일을 추구하는 것보다 지금 하고 있는 일을 좋아하는 것부터 시작하자. 주어진 일이 사소한 일이라도 좋아지도록 노력하다 보면, 부담스러운 일도 사랑할 수 있게 된다. 내게 주어진 일이 회사에 공헌할 수 있다는 자신감을 갖는다면, 자신의 일에 흥미와 기쁨을 느낄 것이다.

좋아하지 않는 일을 천직이라고 생각하고 열심히 노력하다 보면, 그 일이 좋아하고 사랑할 수 있는 일로 변할 수 있다. 자신의 내면에 깊숙이 숨겨진 재능이 발현될 수 있다는 것이다. 그런 사례를 뒤에서 다시 이야기하려고 한다.

내가 대학을 다니던 1950년도에는 대학을 졸업하고 취직하는 것이 지금보다 훨씬 어려웠다. 지금은 일자리도 많이 있지만, 그 당시에는 취직할 만한 일자리가 극히 제한적이어서 정말 하늘에 별 따기였다. 물론 지금도 마찬가지이지만 첫째로 병역을 필한 사람만이 취업이 가능했다. 그런데 내가 대학을 졸업할 당시에는 관공서나 정부 산하기관에 기술요원이 필요했다. 그래서 그 관서에 취업이 되면 병역 면제를 받을 수 있는 특혜가 있었다. 나는 대학에서 통신공학을 전공했기에 공보처(현 문화공보부) 방송관리국 산하인 중앙방송국(현 KBS) 기술직에 취직이 되어 병역 면제를 받았다. 당시 정부나 그 산하기관 기술직은 기술과장이 최고직이고 방송관리국 국장은 인문사회 출신만이 승진할 수 있는 자리였다. 방송관리 고위 기술직은 기감(국장급보다는 낮은)이라는 자리밖에 없었다. 모든 관청이나 정부 산하기관의 과장급 이상은 대부분 인문사회 출신들이 승진하는 환경이었다. 1980년도까지만 해도 정부기관의 고위직은 행정고시 합격자들이 다수였다. 그 결과 우수한 고등학교 졸업자들이 공과대학 진학을 기피하는 현상이 발생했다. 기술직이 인문사회직보다 취직이 유리하지만 아직도 그런 경향이 있다. 지금은 인문계열 출신들이 취직하기 힘들어 적지 않은 졸업생들이 공과대학에 편입하거나 심지어는 기술계 전문대학에 다시 입학하는 경우도 있다고 한다.

나는 좀 더 자유스러운 선택을 위해 6개월간 근무하던 중앙방송국을 사직했다. 그리고 공군 기술장교 후보생에 지망해서 5개월간의 훈련을 마치고, 1958년 3월에 공군 소위로 임관해서 통신기술장교로 복무했다.

나는 당시의 선택이 자랑스러웠다. 현명한 선택이었다. 나는 대학생들에게 이렇게 조언하고 싶다. "대학에 진학해서 자기의 전공 선택이 잘못되었다고 여겨지면, 망설이지 말고 하루라도 빨리 전공을 바꾸거나, 아니면 자기 적성에 맞는다고 생각하는 제2 부전공을 선택하라."

미국 대학가는 4년 이내에 졸업하는 학생들이 보통 잘 해야 70%라고 한다. 그들은 졸업하는 필수 학점에 연연하지 않고 자기가 좋아하는 선택과목들을 선택한다. 적지 않은 학생들은 자기 환경에 따라 휴학을 하고 사회생활을 한다. 그리고 학자금을 벌어 학업을 계속하기 때문에 졸업이 늦어질 수 있다.

우리나라는 4년 이내에 졸업하지 않으면 낙오자나 되는 것처럼 여기며 악착같이 4년 이내에 졸업하려고 한다. 그런데 지금은 취업 때문에 졸업을 뒤로 미룬다고 한다.

빌 게이트, 잡스, 저커버그 같은 사람들은 재학 중에 자기가 하고 싶은 일을 발견하고 학업을 중단하고 창업을 하여 성공한 사람들이다. 미국에서는 대학에 입학하면 학비 대출이 용이해서 가정 형편이 어려운 학생들도 대학 진학을 희망하면 대학을 다닐 수 있다. 물론 용돈은 아르바이트 등으로 해결하거나, 여름방학에 인턴이나 노동 일로 학비를 벌 수 있다. 우리나라보다 아르바이트 길이 넓다. 재학 중에 창업의 결심이 서면 학업을 중단하고 창업을 시작할 수도 있고, 재학 중에 학업이 싫으면 휴학할 수 있다. 자기가 하고 싶은 일이 생기면 학업을 휴학하고 창업에 도전해서 열심히 노력하는 것도 바람직하다. 언제나 자기가 원하면 복학하는 것은 어려운 일이 아니다. 우리나라 대학가도 재학생의 희망에 따라 휴학·복학이 자유로운 것으로 알고 있다. 졸업이 몇 년 늦었다고 해서 출세가 늦어지는 것은 아니다. 자기가 하고 싶은 분야를 공부하는 것이 장래성이 있는 바람직한 일이다.

사람은 좋아하는 일을 하게 되면 그 일이 고통스럽고 힘들어도 즐거움이 따르고 때로는 성취감을 준다. 젊음의 아름다움은 무한한 꿈과 무슨 일에도 용감하게 도전할 수 있는 모험심에 있다. 자기 미래가 보장되는 일은 존재하지 않는다. 내가 스스로 개척하며 삶의 의미를 발견하는 것이다.

'좋아하지 않는 일'을 '좋아하는 일'로 자신의 마음을 바꾸자 인생이 달라지는 성공사례를 소개한다. 그가 바로 일본에서 가장 존경받는 3대 기업가 중 한 명으로 꼽히는 이나모리 가즈오(稻盛和夫) 교세라 명예회장이다. 그의 저서 『왜 일하는가』와 『일심일언』을 참고하기 바란다.

이나모리 가즈오는 가난한 집안에 태어나 가정의 생계를 책임져야 하는 사람이었다. 그가 고향인 가고시마 대학 응용화학 공학부 졸업 당시, 1954년도에는 실업난이 극심하여 지방대학 졸업생이 취업한다는 것은 거의 불가능했다. 다행히 그는 대학 은사의 도움으로 교토에 위치한 고압초자 생산업체인 '쇼후공업(松風工業)'에 취업했다. 그런데 월급이 연체되는 일도 잦고 장래성도 보이지 않는 등의 현실적인 문제 때문에 회사를 사직할까 고민하게 되었다. 이 일로 자문을 구하기도 했으나 당시의 회사 사정이나 집안 사정으로 봤을 때 쉽게 이직할 수 있는 상황이 아니었다. 그는 마음을 가다듬고 '좋다! 이왕 이렇게 된 바에야 지금의 일에서 즐거움을 찾자'라는 마음가짐으로 스스로를 변화시켰다. 그리고는 자신에 처한 환경에 적응하는 자기만의 길을 개척했다.

당시 연구소는 회사에서 생산하는 세라믹 제품을 개발하는 업무를 맡고 있었다. 그에게 주어진 일은 생소한 파인세라믹(fine ceramic) 재료로 고주파 절연 제품을 만드는 것이었다. 연구소는 천덕꾸러기 취급을 받을 만큼 관심이 별로 없는 환경이었다. 그에게 맡긴 파인세라믹 분야는 당시로서는 어느 회사도 성공하지 못한 미개척 분야였다.

미개척 분야라 일본 내에서는 제대로 된 문헌이나 재료도 없었고, 회사 또한 자금 사정이 넉넉하지 않아 연구 설비나 지원도 충분하지 않은 상황이었다. 상사나 선배도 없어 혼자 일을 해야만 했다. 파인세라믹은 결국 그가 혼자 해내야 할 분야였다.

그가 대학에서 전공한 분야는 유기화학이었다. 그래서 무기화학인 파인세라믹 연구를 위한 전문 지식에는 문외한이었다. 거기에 지원 인력이나 자원도 없이 신제품을 개발하라는 것은 내가 맡은 일이 아무런 가치가 없다는 의미였다. 그래서 그만두고 편한 회사를 찾는 게 상책이겠다 싶었지만 그는 모든 것을 처음부터 다시 시작했다. 내가 좋아하는 일이었다면 이런 고생은 하지 않아도 될 텐데 하는 불만도 있었으나 해보겠다는 결심을 한 이상 그런 불만은 털어 내버렸다.

먼저, 파인세라믹에 관한 기초 지식을 쌓기 위해 대학 도서관에서 관련 문헌을 찾고 중요한 부분은 노트에 옮겼다. 그렇게 며칠을 도서관에서 관련 자료를 모으는 동안 그 일에 흥미가 생기기 시작했다. 그는 거처를 기숙사에서 연구실로 옮긴 후 아침부터 밤늦게까지 오로지 연구에만 몰두했다.

책과 논문에서 얻은 정보를 기초로 실험하고, 그 실험을 터득하기 시작했다. 그 과정에서 그는 파인세라믹의 매력에 흠뻑 빠졌다. 그러면서 파인세라믹이라는 소재가 대단한 가능성을 갖고 있다는 사실도 알게 되었다. 독립투사라도 된 것처럼 그 연구에 자기 목숨을 바칠 각오가 섰다.

무리하면서까지 스스로를 채찍질하며 시작한 파인세라믹 소재 개발 연구가 열의(熱意)로 바뀌고, 사랑에 빠졌다. 그리고 마침내 어느 순간부터는 그 일을 자기가 하고 있다는 자부심으로 벅찼다. 자신이 아니면 어느 누구도 할 수 없으리라는 긍지와 그 일을 누구보다 잘할 수 있고, 잘해야 한다는 사명감에 이르렀다. 그런 마음가짐으로 연구에 매진한 결과 조금씩 가시적인 성과가 나오기 시작했다. 상사와 임원으로부터 칭찬도 듣게 되고 더욱 박차를 가해 연구에 몰두했다.

이후 특수자기과(特殊磁器科) 주임으로 승진하고 석 달 지난 어느 날 뜻하지 않은 어려움이 닥쳤다. 히타치(日立)제작소에서 세라믹 진공관을 만들 수 있겠느냐는 제의에, 그가 개발 책임자로서 포스테라이트(forsterite) 자기를 활용하여 신제품을 만들게 되었다. 그러나 만족스러운 결과를 얻지 못해 신제품 개발은 악전고투를 거듭하고 있었다. 그때 그를 전적으로 믿고 모든 일을 맡겨주었던 아오야마 마시지(훗날 교세라 사장으로 취임) 기술부장이 사퇴하고, 후임자로 취임한 새로운 부장이 지나치게 간섭하며 그의 노력과 능력을 무시했다. 그러자 1958년 12월, 3년 남짓 몸담았던 쇼후공업을 퇴사했다.

그가 교세라를 창업할 즈음이었다. 당시 그는 파인세라믹 제품을 개발하느라 눈코 뜰 새 없이 바빴다. 그런 중에도 이성을 사귀었는데, 이따금 그녀와 영화를 보러 가기도 했다. 그녀가 바로 특수자기과에서 함께 근무했던 스나가 아사코이다. 회사를 그만두고 곧바로 그는 그녀와 결혼했다. 그의 장인이자 아사코의 아버지인 스나가 나가하루(본명은 우장춘) 박사는 도쿄대학 부설 농학실과를 나온 식물 육종 분야의 전문가이자 농학박사였다.

1959년, 그는 27세의 나이로 28명의 후원자와 그를 따라 퇴사한 동지 7명과 함께 단돈 300만 엔으로 교토세라믹(현재의 교세라)을 창업했다. 창업 이래 파인세라믹 기술을 핵심으로 신제품을 개발하고 새로운 시장을 개척한 결과, 2007년도 159개 자회사에 58,000명의 사원을 거느린 세계적 기업으로 성장시켰다. 매출액도 연평균 27%씩 꾸준히 증가, 연 4조 엔의 매출액을 기록하고 있다. 교세라는 창업 이래 파인세라믹스 기술을 핵심으로 신제품을 개발하고 새로운 시장을 개척해 왔다.

그는 20대부터 파인세라믹 분야의 최고 전문가로 지금까지 50년 넘게 한 가지 일에 매달리며 꾸준하게 일할 수 있었던 원동력을 이렇게 밝혔다.

"내가 하는 일이 좋아지도록 스스로를 다스렸기 때문이다. 마음가짐을 바꾸는 것만으로도 자신을 둘러싸고 있는 세상은 극적으로 변한다."

그가 '파인세라믹 이노베이션의 선구자'라는 영광스러운 찬사를 받는 이유는 단지 자신이 파인세라믹에 쏟은 열정이 남들보다 조금 더 강했을 뿐이다.

그는 교세라를 창업한 후 지금까지 반세기 넘는 역사 속에서, 파인세라믹 특성을 살린 각종 산업용 부품을 비롯해 반도체 패키징 등의 전자제품, 태양광 발전 시스템과 복사기, 휴대전화 기기에 이르기까지 다양한 산업 분야에 도전해왔다. 또한 전자부품과는 전혀 다른 분야인 통신과 호텔 사업에도 진출했다. 그것은 그가 그만큼 다양한 기술력을 가지고 있었기 때문이 아니라 반세기 동안 지속적으로 창조적인 일을 해온 결과일 뿐이다.

1984년에는 NTT(일본전신전화)의 독점에 대항해 질 좋고 저렴한 통신 서비스를 제공하기 위해 DDI(현 KDDI)를 설립했다. 두 회사는 높은 수익을 올리며 발전을 계속하고 있다. 교세라가 급속히 발전하고 규모가 확대되자 이나모리 가즈오는 '아메바 경영'이라는 새로운 경영방식을 도입했다. 조직을 '아메바(소단위)'로 나누고 리더를 뽑아 경영을 각 리더들이 중심이 되는 '아메바 경영'을 실행하여 현장 사원들이 자주적으로 참가하는 '전원참가 경영'을 실현하였다. KDDI에도 아메바 경영을 도입해서 사업을 비약적으로 향상시켰다. 그는 1997년 6월 주주총회에서 교세라 및 DDI의 회장에서 물러나 명예회장직에 취임했다.

평소 불교의 가르침을 따르고 실천하던 이나모리 가즈오는 마침내 1997년 9월 불가에 입문해서 '다이와(大和)'라는 법명(法名)을 얻었다. 출가 전에 건강검진 결과가 위암으로 판명되어 삭발하고 출가하려던 바로 그날 수술을 받았다. 그는 건강이 회복한 후에도 여러 사업에 참여해 많은 업적을 남겼다.

2010년 1월 JAL(일본항공)은 막대한 적자로 파산에 처해 법정관리 신청을 했다. 총리의 간곡한 간청을 받아들인 교세라 명예회장 이나모리 가즈오는 JAL 회장에 부임하고 1년 만에 흑자로 전환시켰다. 그는 2012년 회장직을 JAL 사장에게 물려주고 명예회장으로 물러났다. 그리고 2013년 회사를 떠났다. 그의 경영능력은 '경영의 신'이라고 불릴 만하다.

이나모리 가즈오는 "내가 명예와 출세를 위해 일을 했다면 성공하지 못했을 것이다. 나는 좋아하지 않는 일을 좋아하고 사랑하였기에 오늘에 이르렀다."고 말한다. 그의 생애는 앤절라 더크워스가 성공은 재능보다 '그릿이 담긴 노력'이라는 것을 보여준 대표적인 사례라고 나는 생각한다.

세계적인 발레리나 강수진은 발레에 천부적 재능이 있어 어렸을 때부터 좋아하고 사랑했지만, 하루에 18시간이란 엄청난 연습으로 비정상적인 발이 될 정도였지만 행복했다. 때론 행복한 마음을 주체할 수 없어 눈물을 흘렸다. 자신만의 인생을 살고 있기 때문이다. 그녀가 30년 이상 발레 연습에 투자한 시간을 대충 계산해보니 20만 시간이 넘는다. 재능만 있다고 뜻을 이루는 것은 아니다. 그녀에게 '그릿을 수반한 노력'이 얼마나 중요한가를 보여준 성공의 사례다.

이나모리 가즈오는 지금껏 살아오면서 많은 명언을 남겼다. 그중의 일부를 소개하면 이렇다. 독자들에게 생활 지침이 되길 바란다.

* 지금 하고 있는 일이 좋아지도록, 사랑하도록 끊임없이 노력하라. 다른 방법은 없다. 그러면 자신도 모르게 인생이 풍요로워질 것이다. 그리고 그 일을 더없이 사랑하게 될 것이다.
* 처음부터 좋은 직장 환경과 조건에서 사회생활을 했더라면 오늘의 나는 없었을지 모른다. 젊은 시절의 실패와 고생이 있었기에 이를

교훈 삼아 남은 인생을 보다 훌륭하게 살아갈 수 있었다. 그리하여 당시에는 후회스럽고 불운했던 일이, 훗날 돌아보니 더없는 행운이었음을 깨달을 수 있었다.

* 실패와 고난에 맞부딪혔을 때, 불편불만을 앞세우고, 잘 되는 사람을 시기하면서 세상을 비난하는 것처럼 초라한 일도 없다.
* 실수해도 괜찮다. 실패해도 좋다. 다만 그런 일이 일어났다면 반성하고, 그것을 교훈 삼아(반면교사) 더 큰 도약을 꿈꾸어야 한다. 그런 사람만이 어떤 위기에 처하더라도 성공에 이를 수 있다.
* 나는 공부하지 않았기 때문에 지식도 기술도 가지고 있지 않다. 하지만 할 수 없다고 스스로를 내몰지 말라. 오히려 '나는 공부를 하지 않았기 때문에 지식도 기술도 없다. 하지만 하고자 하는 의욕이 있기 때문에 반드시 내 꿈은 성취될 것이다' 라고 생각하라. 할 수 있다는 자신감과 목표 의식만으로도 충분히 그 꿈을 이룰 수 있다.
* 인생이 역경으로 치닫고 있을 때는 아무리 좋은 일을 해도 곧바로 좋은 결과가 나타나지 않을 수도 있다. 그러나 몇십 년이라는 긴 안목으로 보면 좋은 일을 행한 것에는 반드시 좋은 대가가 찾아온다. 아무리 행복한 때라도 늘 겸허한 마음을 잊어서는 안 된다. 오만불손은 스스로 쇠망의 원인이 된다.

처음부터 좋아하지 않았지만 주어진 일에 의미를 부여하고 이나모리 가즈오처럼 각고(刻苦)의 노력과 정열을 바칠 수 있다면, 성공하는 것은 사필귀정이다. 싫던 일도 좋아하고 사랑하게 된다.

CHAPTER

[05] 삶의 의미

삶의 의미

'산다는 것은 고통스럽기 마련이며,
살아남는다는 것은 고통 속에서 의미를 발견해야 한다는 것이다'
—고든 W. 올포트(Gordon w. Allport, 1897~1967)

출생은 내가 선택한 것이 아니기에 어떤 가정에서 태어났느냐에 따라 인생의 시작은 다르다. 이를 흔히 운명(運命)이라고 한다. 사람마다 성격과 개성이 다르고 삶의 방식과 취향이 다르기 때문에 개개인이 생각하는 삶의 의미도 다양하게 나타난다. 그러나 환경에 관계없이 누구나 행복한 삶을 갈구한다. 자신의 삶에서 '의미(意味)'를 찾지 못하면 행복은 영영 찾아오지 않는다. 삶의 주인은 자기 자신이기에 삶의 가치 판단은 온전히 자신의 몫이다. 또한 삶의 의미는 행복을 위해 가장 중요한 기준이 돼야 한다.

'직업의 귀천에 상관없이 일의 의미는 그 일을 하는 사람이 부여하는 것이다.'라는 세계적인 정신의학자이자 철학자인 정신과 의사 빅터 E. 프랭클린(Viktor E. Frankl, 1905~1997)의 말이 떠오른다. 이 말은 매사에는 좋든 싫든 의미가 있다는 것이다. 나는 자기가 하는 일에서 의미를 찾는 사람이 긍정적인 사람이라고 생각한다.

인간은 누구나 삶의 의미와 가치에 관해 관심을 갖고 고민한다. 그러나 삶의 의미와 가치의 기준을 어디에 둘 것인지가 매우 애매하고 어렵다. 나는 그 기준을 이렇게 생각한다.

첫째, 나에게 기쁨을 주고 보람이 있는 일이라면 가치가 있는 삶이 아닐까?

둘째, 나뿐만 아니라 사회나 다른 사람에게도 도움과 이익을 주는 일이면 의미와 가치가 있는 삶이 아닐까?

물론 나눔과 봉사와 헌신도 따를 수 있다. 나는 '선(善)한 삶이면 무슨 일이든지 의미와 가치가 있는 삶이 아닐까.' 하고도 생각해봤으나 이는 추상적인 삶인 것 같다. 나는 '삶의 의미'에 관심이 있어 보고 배우고 경험한 상식을 토대로 한 견해(見解)를 글로 옮겼다.

그러나 삶의 의미에 정답이 존재할 수 없기 때문에 철학자들의 논쟁에 관심을 갖고 있던 차에, 일간신문에 노스캐롤라이나 대학교(University of North Carolina) 채플 힐(Chapel Hill) 캠퍼스 철학 교수인 수전 울프(Susan Wolf) 교수의 저서 『삶이란 무엇인가(Life)』를 소개했다. 철학적 사고의 틀은 유지하면서도 누구나 쉽게 읽을 수 있는 책이라고 소개하였다. 평소에 관심이 있었으나 쉽게 이해할 수 있는 책은 아니었다. 역시 철학책이다.

삶이란 무엇인가

실존주의를 대표하는 철학자 마르틴 하이데거(Martin Heidegger)는 "인간은 비록 세상에 태어난 '결과'를 선택할 수는 없지만, 어떤 삶을 살 것인지의 '과정'은 각자의 의지에 달렸다. 그러나 확실히 말할 수 있는 한 가지는, 자신의 삶에서 '의미(意味)'를 찾지 못하면 행복은 영영 나와 상관없는 이야기가 되리라는 사실이다."라고 했다.

수전 울프 교수는 "그동안 철학자들이 인간 행동의 두 가지 동기 요인을 '이기주의'와 '이타주의'라는 이분법으로 해석해온 것이 잘못"이라고 지적하면서 논의를 시작한다. 다시 말해 우리가 어떤 행동을 하는 까닭은 반드시 이기심이나 도덕적 의무 때문만은 아니라는 것이다.

울프 교수는 사람들의 마음을 움직이는 동기를 이기적·도덕적 또는 개인적·비인격적 범주로 구분하는 철학적 모델이 지나치게 단순하며 진실을 왜곡하기 때문에 다양하고 중요한 대상과 행위자 사이의 관계를 제대로 밝히지 못한다고 설명한다. 예를 들어 병원에 입원한 동생을 간병하거나, 친구의 이사를 돕거나, 밤을 새워 다음 날 딸아이가 입을 할로윈 의상을 만드는 일 등을 이기주의나 이타주의만으로 설명할 수 있을까? 물론 도덕적인 의무감을 들이밀 수는 있겠지만, 그것만으로는 100퍼센트 설명할 수 없는 행동들이다. 인간의 이런 행동은 바로 '사랑하는 마음'에서 비롯된다는 얘기다.

울프 교수는 우리가 살아가면서 하는 많은 행동은 기존 철학적 입장보다는 '사랑의 근거(reason of love)'에 바탕을 두고 있다고 설명한다. 그렇다고 해서 사랑의 근거가 무작정 좋은 것은 아니라는 것이다. 예를 들어 부모의 자식에 대한 과도한 사랑이 자녀의 버릇을 망치거나, 화분에 너무 많은 물을 주어 뿌리가 썩게 만들거나, 자신의 철학적 사고에 대한 지나친 애착으로 틀에만 갇혀버린 위험도 있다는 것이다. 이뿐만 아니라 더욱 중요한 것은 우리의 사랑이 언제든 어긋나고 착각에 빠질 수 있다는 사실이다. 우리가 사랑하려는 대상이 그럴 만한 자격을 전혀 갖추고 있지 못할 수도 있다.

여기서 주목하는 바는 사랑의 근거에 따라 행동하고 선택하는 대상의 정당성과 가치다. 공정하게 평가된 '가치 있는' 대상에 쏟아붓는 행위는, 비록 행위자 개인이나 세상을 위한 최선의 선택은 아니더라도 충분히 정당화될 수 있다는 뜻이다.

성취감은 지루함이나 소외감과 같은 부정적인 감정과는 완전히 반대되는 긍정적인 감정이다. 하지만 긍정적인 감정에도 성취와 상관없이 단지 쾌락과 관련된 것들도 있다. 그러므로 성취감만으로 의미 있는 삶에 대한 욕망을 충족시킬 수는 없다. 우리가 의미 있어 보이는 삶을 넘어 정말로 의미 있는 삶을 살고자 한다는 점에서 삶의 의미의 객관적 측면은 주관적 측면만큼이나 중요하다.

철학자 임마누엘 칸트는 인간을 "자신이 좋아하는 것에 감각적으로 '이끌리면서' 동시에 '이성'을 쫓아 행동하는 존재"로 규정했다.

울프 교수는 '삶의 의미'라는 개념은 주관적 측면과 객관적 측면이 조화를 이루는 상태에서 우리의 삶이 포함하는 일관적인 특성이라고 말한다. 만일 두 가지 조건을 각각 별개로 생각한다면, 그 조건들이 삶의 의미에 기여한다고 장담할 수 없다는 것이다. 이런 맥락에서 일관적인 특성이라는 말은 두 조건이 조화롭게 통합된 특성이라고 생각할 수 있을 것 같다. 두 조건이 연립할 때 삶의 의미가 참다운 삶의 가치를 형성한다는 주장인 것이다.

울프 교수가 강의를 통해 강조하고 있는 '삶의 의미'를 한 줄의 글로 함축하자면,

'주관적인 이끌림이 객관적 매력을 만날 때 가치 있는 일에 대한 적극

적인 관여로부터 삶의 의미가 나타난다'이다.

그녀는 이를 '수정된 성취 관점(fitting fulfillment view)'이라 한다. 삶의 의미는 "'자신의 열정을 발견하고 추구'하는 과정에서 드러난다고 하는 첫 번째 관점을 우리는 '사랑' 또는 '주관적 이끌림'이 삶의 의미에서 중요한 역할을 차지한다는 의미로 이해할 수 있다. 그리고 '자신보다 더 큰 존재에 관여'하는 관점에서 삶의 의미를 발견할 수 있다는 두 번째 관점은 삶의 의미에 담긴 객관적인 측면을 강조하는 것으로 이해할 수 있다"는 것이다.

울프 교수는 어떤 경우도 객관적인 가치의 개념을 인정하지 않으면, 도덕성과 자기 이익과는 또 다른 가치 범주로서 '삶의 의미'라는 개념을 분명히 이해할 수 없을 거라고 생각한다. 그리고 그 개념(객관적인 가치)을 제대로 이해하지 못하면, 삶의 의미에 대한 사람들의 관심은 점차 줄어들다가 결국에는 완전히 사라지고 말 것이다.

위의 주장은 객관적 범주가 어디까지인지 정의를 할 수 없어 다소 애매한 점도 있다. 그러나 이 개념은 삶의 가치에 관해 관심을 갖는 사람들에게 도움이 될 것 같다. 나도 서두에서 이 두 조건을 거론했다.

울프 교수의 주장은 삶의 의미를 고민하고 생각해보는 과정을 통해 얻을 수 있는 이익으로 '지적 능력'을 높일 수 있다는 것이다. 좀 더 구체적으로 말하면, 삶의 의미에 대한 고찰을 통해 우리는 스스로의 존재와 가치에 대해 더 잘 이해하게 되고, 주요한 활동이나 과제가 삶에서 차지하는 비중을 보다 정확하게 평가할 수 있게 된다는 것이다.

우리는 공기나 물 없이 살 수 없듯이 사랑 없는 삶 또한 존재할 수 없다. 예수님도 믿음, 소망, 사랑 중에 사랑이 으뜸이라고 했지 않는가?

울프 교수는 '삶의 의미와 가치' 기준에 '사랑의 근거'를 제시하고 많은 사례를 들어 삶의 의미를 설명하고 이를 부각(浮刻)시켰다. 울프 교수가 '사랑의 근거'를 '삶의 의미'에 적용한 주장은 새로운 삶의 철학이 아닌가? 여기서 울프 교수가 말하는 사랑에는 '헌신'이 포함되고 있음에 유의해야 한다. 왜냐면 헌신이 없으면 진정한 사랑이 아니기 때문이다. 예를 들어 성행위에 진정한 헌신이 들어 있지 않다면 그것은 육체의 희롱에 지나지 않는다.

사랑의 역할이 삶의 의미의 근간을 이루고 있다는 사실을 부인하는 사람은 없을 것이다. 그렇기 때문에 우리는 가정이나 직장과 사회에서 사랑을 잃게 되면 모든 것이 공허하고 황량해진다. 크리스토퍼 몰리(Christopher Morley)는 이렇게 말했다.

"만약 우리 인생이 단지 5분밖에 남지 않았다는 사실을 안다면, 우리는 전화기를 붙들고 자신의 소중한 사람들에게 어색하나마 사랑의 고백을 할 것이다."

울프 교수는 우리에게 잊고 있는 사랑이 삶에 얼마나 소중한가를 일

깨우고 있다. 그녀의 삶의 의미에 관한 접근은 우리 생활에 시사하는 바가 많다. "삶의 의미가 인간의 행복을 위해 가장 중요한 기준이 되어야 한다."는 그녀의 저서 『삶이란 무엇인가』에서 삶이 무엇이며 왜 중요한가를 철학적인 개념으로 다루었을 뿐 삶의 의미를 찾아가는 개념은 다루지 않았다.

마르틴 하이데거는 "확실히 말할 수 있는 한 가지는, 자신의 삶에서 '의미(意味)'를 찾지 못하면 행복은 영영 나와 상관없는 이야기가 되리라는 사실이다."라고 했다.

생존경쟁이 치열한 현실에서 자신이 '하고 싶은 일', '좋아하는 일', '잘하는 일'만을 선택하며 살 수 없다. 대부분의 사람들은 '원하지 않는 일'로부터 시작한다. 이런 현실에서 주어진 일에 의미를 찾는 것은 매우 중요하다.

의미 있게 산다는 것

'의미 있게 산다는 것은 무엇인가?'라는 질문은 우리 모두에게 중요한 관심사이자 흥미진진한 과제이다. 이 질문에 대한 해답은 누구도 아닌 나 자신의 몫이다. 이 책이 여러 독자에게 좋은 참고서가 될 것으로 기대한다.

우리는 일과 생활 속에서 의미를 발견하려는 긍정적인 노력으로 진정한 의미를 발견할 수 있다. 주어진 일을 해보지도 않고 막연히 힘들 것이라는 선입견을 갖는 것은 불행한 일이다. 모든 일에는 나름대로의 의미가 있다는 긍정적인 생각을 하는 것이 중요하다. 즐거운 일, 재미있는 일, 취미가 있는 일, 호기심이 있는 일, 잘하는 일, 소질이 있는 일, 남이 좋아하는 일, 선망의 대상이 되는 일 등을 누구나 선택할 자유가 있다. 그러나 처음부터 입에 맞는 직업을 선택할 수 없다. 첨단 기술이 발달할수록 선택의 자유가 제한을 받는다.

경쟁이 치열한 사회에서 모든 사람들이 선호하는 직업을 구한다는 것은 어렵다. 막상 원하는 일, 하고 싶었던 일을 하다 보면 재미가 없거나, 싫증이 나거나, 고통스럽거나, 장래성이 없거나 해서 다른 직업을 찾아 이직하는 사람들이 적지 않다. 현직에서 자기가 하는 일에 의미를 발견하려고 노력하지 않는 사람은 다른 직장으로 옮겨도 만족하지 못한다. 나는 이런 사람들을 많이 봤다. 특히 재주가 많고 영리한 사람들일수록 전직이 많다.

나는 빅터 E. 프랭클(Viktor E. Frankl, 1905~1997)의 저서 『죽음의 수용소에서』와 프랭클의 '삶의 의미'에 관한 사상을 근간으로 편저(編著)한 알렉스 파타코스(Alex N. Pattakos)의 저서 『의미 있게 산다는 것』을 숙독하면서 많은 것을 배울 수 있었다. 배우기 위해 가르친다는 말이 있다. 마찬가지로 나는 글을 쓰면서 많은 것을 배울 수 있었다.

『죽음의 수용소에서』의 원제목은 『삶의 의미를 찾아서(Man's Search for Meaning)』이고 『의미 있게 산다는 것』의 원제목은 『생각의 포로(Prisoners of Thoughts)』이다. 저자는 '생각의 포로'의 의미를 이렇게 설명하고 있다. "우리는 의미 추구를 통해 잘못된 사고방식을 바로잡고, 편견에서 스스로 풀려나 열쇠를 찾아서 이 감옥의 문을 열 수 있다." 즉 '생각의 포로'에 사로잡혀 편견에 사로잡히지 말고 자유롭게 하라고 나는 해석한다.

빅터 E. 프랭클은 세계적 심리학자이고 정신과 의사이며 '의미 중심 철학'을 제창한 철학자이다. 그는 2차 세계대전 중에 유태인이라는 이유로 1942년 9월 나치 독일군에게 붙잡혀 강제수용소에 수용된 수백만 명 중에서 살아남은 사람이다.

『죽음의 수용소에서』는 아우슈비츠 강제수용소를 중심으로 한 각 수용소 안에서 일어났던 이야기다. 여기서 밝히는 대부분의 사건들은 규모가 크고 유명한 수용소에서 일어난 일이 아니라, 유태인 근절작전이 실제로 자행되었던 소규모 수용소에서 일어났던 일들이다.

나는 4차 산업혁명의 미래가 불확실한 시대를 맞아 당황하는 청소년들에게 '삶의 의미'를 설명했다. 나는 위에서 소개한 두 저서를 읽고 공감이 가는 구절들을 인용해서 집필했다.

프랭클보다 몇 주일 먼저 아우슈비츠에 온 내 동료 하나가 우리의 오두막으로 몰래 숨어 들어왔다. 그는 수용소의 분위기를 이렇게 설명했다.

"살아남고 싶다면 길은 하나뿐이야. 일할 수 있는 것처럼 보일 것. 쓰러져서 일어나지 못하는 사람, 쇠약해서 비참하게 보이는 사람, 그리고 더 이상 힘든 육체노동을 감당 못하는 사람, 이런 사람들을 여기서는 '무슬림'이라고 부른다. 무슬림은 모두 가스처형실로 가게 된다. 그러니까 명심하게, 똑바로 서서 힘차게 걸어야 해. 그렇게만 하면 가스 걱정은 안 해도 될 거야."

심리학자이자 정신과 의사인 빅터 프랭클은 3년 동안 동물과 다름없는 비인도적인 포로수용소에서 온갖 잔인함과 모욕을 겪었지만 희망을 버리지 않았다. 지옥과 같은 생활 속에서도 살아남은 사람들은 '삶의 의미'를 발견하고 인간의 존엄성을 잃지 않았다. 강제수용소에서 살아나온 사람들은 아무리 절망적인 상황이라도 우선 받아들이고 무엇보다 감정의 평정을 잃지 않도록 스스로 의미를 부여하며 주어진 현실을 극복해 나갔다.

프랭클은 비참하고 잔혹한 포로수용소에서 여러 가지 상상으로 극한의 절망을 극복했다. 그는 "다시 어머니를 만나고 아내와 함께 지내는 꿈을 꾸었다. 취미인 등산을 다시 다니는 상상을 했다. 온수 목욕을 하고 사람들로 가득 찬 강당에서 강연을 하는 상상을 했다. 이런 바람들이 그를 극단적인 절망에 빠지지 않게 잡아주었다. 아내나 부모나 가족이나 친구 등에 대한 사랑의 추억처럼 애절한 그리움은 없다. 그들과 사랑의 끈을 놓지 않고 그들과 재회를 꿈꾸는 상상은 재기(再起)의 힘이 된다."고 말한다.

프랭클은 '삶의 의미'에 관해 이렇게 이야기했다.

삶의 의미는 사람마다 다르고 경우에 따라 다르다. 그러므로 삶의 의미를 일반으로 정의하는 것은 불가능하며, 삶의 의미가 무엇이냐는 질문에 한마디로 대답하기는 절대 불가능하다. 삶이란 막연한 어떤 것을 의미하는 게 아니라, 삶의 과업이 매우 현실적이고 구체적인 것처럼 삶 또한 매우 현실적이고 구체적인 어떤 것을 의미하기 때문이다. 삶은 사람의 운명을 만들어내는데, 그것은 각 개인에 따라 저마다 다르고 독특하다.

수용소에서 사람들에게 정신적인 의지를 되찾아 주려면 우선 미래의 목표를 보여주는 것부터 성공해야 했다. "왜 살아야 하는지를 아는 사람은 어떻게든 참고 견딘다."고 니체는 말했다. 죄수들에게 심리치료 및 정신위생학적인 치료를 할 기회가 있을 때마다 그들이 현재 처하고 있는 그 끔찍한 상황을 어떻게든지 견뎌낼 의지를 길러주기 위하여 이유, 즉 한 가지 목표를 가질 수 있도록 도아주어야 했다. 슬프게도 자신의 삶에서 더 이상 아무런 의미를 찾을 수 없는 사람은 목표도 목적도 없었다.

그리고 계속해서 살아야 할 이유도 없었다. 그런 사람은 곧 죽었다. 강제수용소에 관해 다른 사람들이 쓴 책들, 그리고 일본과 북한 및 베트남의 전쟁 포로수용소에 대해 실시한 정신치료 연구조사에 의해서도 같은 결론에 도달했다.

그는 "나는 수감되면서 출판할 준비가 다 되어 있던 원고를 압수당했다. 그 원고를 다시 쓰고 싶은 강렬한 열망이 수용소의 가혹행위를 견디게 했던 게 분명하다. 나는 자유를 얻을 때까지 살아남게 되면 원고를 다시 쓰리라 마음먹고 작은 종잇조각들에다 많은 기록을 썼다. 잃어버린 원고를 바바리아의 강제수용소에서 이렇게 복원함으로써 나는 죽음의 위험을 극복할 수 있었다."며 '자신이 왜 살아야 하는가' 하는 이유를 설명했다.

그는 자신이 수용소에서 보낸 기간을 결코 잊고 싶은 무의미한 시간으로 치부하지 않는다. 오히려 그에게 있어서 삶의 의미와 사랑이라는 진리를 깨닫게 해준 무엇보다 소중한 경험이었다고 자부한다.

한국의 자살률이 세계 35개 선진국 모임인 경제협력개발기구(OECD)에서 2003년 이후 15년째 세계 최고 수준을 지속하고 있다는 최근 일간지 기사를 보면서 놀랐다. 자살률은 우리 시대의 삶의 가치를 나타내는 하나의 척도이기 때문이다. 가장 심각한 문제는 노인 자살이다. 한국의 노인 자살률은 OECD 평균의 3배이다. 연령에 따라 급증한다고 한다.

최근 들어서는 20대 청소년들의 자살률이 증가하고 있다. 전홍진 삼성서울병원 정신건강의학과 교수는 이렇게 밝혔다. "20대는 대학·군대·직장 등 생활에 변화가 많은 시기다. 잘 적응하지 못하면 자책감·괴로움이 밀려올 수 있다."

20대 우울증은 감정 기복이 심한 게 특징이다. 슬픈 감정만 느낀다고 오해하면 안 된다. ▶기분이 우울했다가 한순간에 들뜨듯 좋아지고 ▶짜증이 많아져 대인관계에 문제가 생기기 쉬우며 ▶불면증이 심하고 집중력도 많이 흐트러진다. 방치하면 뇌 기능이 급격히 떨어진다. 감정을 조절하는 세로토닌·도파민 같은 신경전달 물질이 제대로 분비되지 않아 노력만으로 극복하기 힘들다. 김현정(국립중앙의료원 정신건강의학과 전문의) 한국자살예방협회 홍보·대외협력위원장은 "신경전달 물질의 균형이 깨지면 의욕과 의지가 점점 감소한다."며 "상담·약물 치료에다 생활습관 개선을 곁들여야 극복할 수 있다"고 말했다.

연예인의 자살은 사회적으로 큰 파급력을 가진다. 이들에게는 우울증의 기복이 특히 심하다고 한다. 인기에만 연연하지 말고 삶의 의미가 무엇인가를 통찰하기 바란다. 20대 청소년의 자살률이 세계 1위라는 오명은 결코 나라의 자랑이 아니다.

나는 이를 극복하기 위해서는 약물이나 정신적 치료가 중요하지만 근본적으로 중요한 치료는 청소년에게 '삶의 의미'를 스스로 찾을 수 있는 능력과 용기를 심어주는 것이라고 생각한다. 물론 국가나 사회적 책임도 있지만, 나치수용소에서 살아남은 사람들은 '왜 살아야 하는가' 하는 삶의 의미를 찾았다는 것을 기억하기 바란다. 4차 산업혁명의 미래가 불투명한 시대에 이 책을 통하여 삶의 의미를 찾기 바란다.

또한 나는 살아야 하는 이유가 '희망'이라고 생각한다. 절망에 빠진 자도 한 가닥 '희망의 빛'을 볼 수 있다면 자살도 포기할 수 있기 때문이다. 희망의 상실자는 삶의 이유를 잊은 사람이다. 절망의 절벽에 서 있는 사람에게 섬광처럼 지나가는 부모, 아내, 아이들, 애인, 친구들의 얼굴이 마음에 비칠 때, 살아야 할 이유를 발견할 수 있을 것이다.

절망은 분명 나쁜 것이지만 희망은 절망을 위한 것이기에, 인내와 끈기를 갖고 어떤 목적을 성취하려고 하는 것이 중요하다.

우리는 일을 하면서 삶의 의미를 발견할 수 있다. 삶의 의미를 발견하는 과정에서 얻은 경험을 통해 사랑을, 인격을, 인내를, 인간관계를, 승패의 원인 등을 배우게 된다.

프랭클은 "정말로 중요한 것은 우리가 삶에 무엇을 기대하느냐가 아니라 삶이 우리에게 무엇을 기대하느냐이다."라며 이렇게 말했다.

"절대적인 의미는 모든 사람들의 절대적 가치와 같다고 할 수 있다. 그것은 인간의 존엄성이라는 지울 수 없는 특성을 말한다. 삶이 어떤 조건에서도 잠재적인 의미를 지니고 있는 것처럼, 가장 불행한 사람에게도 나름의 가치가 함께한다."

이 말은 '의미를 찾고자 하는 의지'에서 비롯된다. 만일 강제수용소에 있는 사람이 자존심을 지키려 사력을 다해 이런 것들과 싸우지 않았다면, 자신이 한 개체이며 정신력을 지닌 존재이고, 내면적인 자유와 인격적인 가치를 지닌 존재라는 느낌마저도 잃어버렸을 것이다. 그의 존재는 짐승 같은 수준으로 떨어지고 말았을 것이다.

일에서 의미를 잃어버리면 활력을 잃는다. 일의 활력을 잃으면 생각의 포로가 될 수밖에 없다. 우리가 의미를 찾기 위해 마음을 열 때, 시간을 갖고 자신과 다른 사람을 의미 있는 방식으로 이해할 때, 자신뿐 아니라 다른 사람들의 삶의 질까지 향상된다.

결국 의식이 중요하다. '똑똑해지는 것보다 의식하는 것이 중요하다.'는 말이 있다. 의식한다는 것은 의미를 아는 것이다. 의식을 하기 위해서는 시간이 필요하다. 가치라고 해서 다 같은 것은 아니라는 사실을 아는 것이 중요하다. 오로지 쾌락과 권력과 관련된 가치들을 실현하는 것은 진정한 의미를 구현하는 방법이 되지 못한다.

내적인 삶과 외적인 삶의 광활한 탐험에서 의미를 찾고자 하는 의지는 쾌락에의 의지나 권력에의 의지를 넘어선다. 의미를 찾고자 하는 의미는 내부로부터 온다. 오로지 그 의미는 각자가 발견하고 통제하고 실현할 수 있다. 우리의 삶이 아무리 하찮거나, 아무리 큰 힘과 권력이 방해해도 의미는 우리를 지탱해준다. 무엇보다 의미는 어떤 고통과 괴로움도 견딜 수 있게 해준다.

'일을 왜 하는지 아는 것이 중요하다.' 그 이유를 아는 것이 진정한 자유와 의미의 시작이다. 깊이 들어간다면 우리를 움직이는 두 가지 즉, 사랑과 양심에 이른다. 사랑은 인간이 열망할 수 있는 궁극적이며 최선의 목표다.

알렉스 파타코스는 사랑과 양심으로 귀결되는 일이라면 모두에게 의미가 있다며 이렇게 예를 들었다.

* 야근 반을 택하여 아침시간을 아이들과 함께 지내고 학교도 보낸다.
* 유기농 채소를 경작해서 지역사회에 건강식품을 제공한다.
* 작은 가게를 운영해서 경제적으로 어려운 사람에게 안정적인 일자리를 제공한다.
* 시를 써서 친구들에게 보낸다.
* 사람들을 상담해서 스트레스를 이겨낼 수 있도록 돕는다.
* 외국인들에게 공정한 임금을 지급하는 회사를 운영한다.
* 노숙자를 위해 이불을 만든다.
* 마을에 가격이 저렴한 주택단지를 만든다.

이런 일을 하는 사람들의 삶의 동기는 사랑과 양심이다.

오래전 일간신문에 실린 김순전(89) 할머니의 기부 기사가 떠오른다. 김 할머니는 6·25 전쟁이 나자 이불 한 채만 챙겨 들고 월남했다고 한다. 김 할머니는 굶기를 밥 먹듯 하고 속옷까지 기워 입을 정도로 절약해 모은 100억 원대 재산을 연세대에 선뜻 기증했다. "학비 없어 공부 못하는 아이들을 위해 써 달라"며 내놓았다. 김 할머니는 먹고 살기 힘들어 공부하지 못하는 사정을 너무도 잘 알기에, 어려운 아이들을 위해 써 달라고 전 재산을 내놓을 수 있었을 것이다. 김 할머니는 삶의 의미를 기부에서 발견한 것이다.

알레스 파타코스는 '의미 추구'에 관해 이렇게 말한다.

"오로지 의미 추구만이 대부분의 사람들에게 일과 삶에서 필요로 하는 진정한 풍요와 보람을 줄 수 있다. 그리고 인간적 잠재력을 달성하도록 우리를 인도하는 것은 의미를 찾고자 하는 의지를 실현하는 능력이다."

파타코스는 세상에 널리 알려진 실화를 인용했다.

브로드웨이에서 일찌감치 성공을 했고 영화 〈슈퍼맨〉에서 주인공 역할을 맡아 세계적인 스타가 된 크리스토퍼 리브는 남부러울 것이 없는 인생을 살고 있었다. 다재다능했던 그는 무한한 가능성이 펼쳐 있었으나 1995년 독립기념일에 말에서 떨어져 목이 부러지는 사고로 전신이 마비되었다. 하지만 사고를 당한 지 겨우 10개월 만에 〈래리킹 라이브

쇼〉에 출연해서 자신의 상황에 대해 긍정적인 태도를 선택하는 용기를 보여주었다. 그리고 전 세계의 척추 장애자들을 위한 모금에 나섰다. 그는 자신이 절망의 늪에서 빠져나올 수 있었던 것은 아내 다니와 세 아이들 덕분으로 돌렸다.

그는 그의 자서전 『절망을 이겨낸 슈퍼맨의 고백』에서 이렇게 말했다. "나는 심각한 장애에도 불구하고 인내하고 견디는 힘을 발견하는 평범한 사람들이야말로 영웅이라고 생각한다." 전신 마비된 장애인들도 의미를 찾으며 새로운 인생을 발견할 수 있는 귀한 이야기다.

크리스토퍼 리브가 예기치 못한 삶의 변화를 용감하게 마주할 수 있었던 것은 삶과 일에 대한 자세를 선택하는 자유를 행사했기 때문이다. 선택의 자유를 행사함으로써 자기 치유의 가능성을 열어놓고, 그런 사고를 당하지 않았다면 모르고 지나칠 뻔했던 진정한 의미로 가는 길을 발견했다.

프랭클은 "상상하기 어렵지만 수용소 안에서도 원하는 사람들은 누구나 노래와 농담과 일인 코미디(수용소 생활을 빗대서 하는 풍자를 포함해서)를 하면서 오락을 즐긴다. 이 활동이 의미가 있었던 이유는 포로들이 잠시라도 비참한 상황을 잊을 수 있었기 때문이다. 사람이 포로수용소에서 유머 감각을 발견할 수 있다는 것은 놀라운 일이다. 유머는 자기 보전을 위한 투쟁에서 또 다른 정신적 무기였다. 만일 인간성을 구분하는 한 가지가 있다면 그것은 유머 감각"이라고 말했다. 유머는 다른 사람에게나 자기 자신에게 '사소한 일에 연연하지 않는다'라고 말하는 것이다. 유머는 위대한 선물이다.

내 인생에서 가장 부러운 사람은 유머 감각이 뛰어난 사람이다. 내가 어려울 때, 친구나 가족이 곤경에 처했을 때, 적절한 유머를 구사할 수 있다면 위로가 되었을 터인데, 그런 재간이 없어 아쉽다.

우리는 TV 코미디 프로그램에서 멍청하게 넘어지고 자빠지는 광경을 보고 좋아한다. 또한 가족이나 친구에게 좀 모자라는 행동을 하거나 엉뚱한 말을 하여 웃기게 할 수도 있다. 우리 자신과 다른 사람들의 실수에 대해 초연할 수 있는 것은 일에서 매우 유익하다. 자신의 실수를 인정하고 웃을 수 있다면 주변 사람들을 편안하게 해줄 수 있다.

유머를 적절하게 구사하는 능력도 인간의 능력 중에서도 중요한 재능이다. 감정이 대립된 상황에서 그 분위기에 알맞은 유머 한 마디에 서로가 웃음을 터트린다면 그 값은 돈으로 환산할 수 없는 값진 것이 아니겠는가? 긴장을 풀고 여유를 갖는 것에서 유머만큼 큰 것도 없다. 인기 있는 사람은 유머 감각이 뛰어난 사람이다. 품위 있는 유머 감각이야말로 큰 보배다. 유능한 경영자(CEO)는 유머를 적절하게 구사하는 사람이다.

파타코스는 현실을 초월한 '삶의 진정한 의미'가 무엇인가를 실현한 실화를 소개한다.

안드레아 예거(Andrea Jaeger)라는 테니스 선수가 있다. 그녀는 1980년 15세의 나이로 윔블던 역사상 최연소 시드 선수가 되었다. 같은 해에 US 오픈 준결승에 최연소 선수로 진출하기도 했다. 하지만 1984년 부상으로 인해 사람들의 시선에서 사라졌다. 여기서 시드 선수란, 토너먼트 경기에서, 처음부터 강한 선수나 팀이 맞붙지 않게 대진표를 짠 명단에 포함된 선수다.

테니스 신동으로 불리던 시절 안드레아는 여러 나라 병원을 돌며 병원 아이들과 시간을 보냈다. 비록 운동선수로서의 꿈은 좌절되었으나 그것이 인연이 되어 불치병에 걸린 아이들을 위해 평생을 바치기로 결심했다. 그녀는 새로운 삶의 의미를 발견했다. 그녀는 "내가 해야 하는 일은 암이나 다른 치명적인 병에 걸린 아이들의 삶의 질을 높이고 장기적으로 불가능한 것을 가능하게 만들 기회를 주는 것"이었다고 말했다.

안드레아는 '키즈 스터프 재단'이라는 자선단체를 설립했다. 그리고 친구들과 후원자들의 도움으로 1999년에 목장을 마련하여 불치병에 걸린 전 세계의 아이들에게 일주일씩 병실 밖의 세상을 경험할 수 있는 기회를 제공했다.

그녀가 2001년 7월, NBC 데이트라인과 인터뷰를 했다. 목장과 시설을 둘러보고 감명을 받은 사회자는 그녀에게 이렇게 질문했다.

"사람들이 당신을 어떤 식으로 기억하기를 원하십니까?"

안드레아는 지체 없이 이렇게 대답했다.

"나를 기억해주기를 원하지 않습니다. 다만 아이들을 기억해주기 바랍니다."

그녀는 자신의 의미를 초월한 의미를 발견했다.

잠시 세상을 둘러보면 우리는 다른 사람들을 위해 아무 대가도 바라지 않고 일하는 사람들을 볼 수 있다. 만일 왜 그런 일을 하느냐고 물으면 그들은 준비된 대답을 하지 못할 수도 있다. 하지만 그들은 '그런 일을 하면 기분이 좋다'고 입을 모을 것이다. 이타심은 기분을 좋게 해준다. 우리 자신을 초월해서 다른 사람을 위해 봉사할 때 인생에서 더 깊은 의미를 누릴 수 있다.

용서에 이르는 것은 우리 자신을 넘어서야 하는 매우 힘든 도전이다. 그러나 우리 자신과 다른 사람을 용서하지 않고는 보다 심오한 삶의 의미에 도달할 수 없다. 용서는 고통을 떠나보내는 것을 의미한다. 이것은 상대의 행복보다는 우리 자신의 행복과 더 밀접한 관계가 있다. 우리는 고통에 매달릴 때 자기연민에 빠진다.

정의를 위해 투쟁하다가 투옥된 빅터 프랭클, 넬슨 만델라, 버마의 아웅산 수지 등과 같은 많은 저명인사들은 개인의 자유와 인간의 존엄성을 빼앗긴 상황에서도 '자유'보다 심오한 의미를 찾고자 하는 의지가 있었기에 오랜 시련을 교도소에서 견딜 수 있었다.

인간은 자신의 이념과 가치를 위해 살며 또한 그것을 위해 죽을 수 있는 존재이다. 이순신 장군, 안중근 의사(義士)를 비롯한 독립투사들, 우리나라 민주주의를 수호하기 위해 목숨을 바친 용감한 시민 등은 가정에 고통을 남겼다. 그들은 고통을 가장 깊은 의미로 경험했다. 그들이 경험한 것은 고통으로 인한 원망이 아니라 사랑 그리고 의미이다. 숭고한 인간성은 고통의 유산이고 깨우침이 되어서 그들의 삶을 변화시켰다.

승패(勝敗)는 주어진 삶에 어떤 의미를 부여하고 발견하느냐 하는 것이다. 삶의 의미와 의지가 우리의 미래를 형성한다. 삶의 주인은 자기 자신이고 그 누구도 대신할 수 없다. 내가 주인이 되지 못할 때 타인의 삶을 살 수밖에 없다. 타인의 장단에 맞추지 말고 내 내면에 잠재하고 있는 '진정한 의미'를 발견해 불확실한 시대를 당당하게 살기를 바란다. 우리는 삶의 의미를 발견할 때 어떤 장애물이든 제거할 수 있다. 그렇지 못할 때 우리는 미로에 빠진다.

내 운명의 열쇠를 손에 쥔 사람은 바로 자기 자신이다.

CHAPTER

[06] 산업혁명과 삶의 의미

산업혁명과 삶의 의미

4차 산업혁명의 바람으로 미래의 일자리 시장이 급속히 변하고 있다. 호주는 변하고 있는 일자리 시장에 대비해서 어떤 학교 교육을 할 것인지를 미리 준비하고 있다. 2017년 9월 22일자 일간지에 실린 기사 내용이 우리에게도 시사하는 바가 있어 그 내용을 소개한다.

호주의 미래 일자리 시장이 얼마나 빠르게 변하고 있는가를 보고하는 호주청년재단(FYA: The Foundation for Young Australians)이 있다. 이 단체는 2015년부터 미래의 일자리 시장이 얼마나 빠르게 변하고 있는가를 소개하는 보고서를 발간하는 비영리단체이다. 한 일간지 기자가 FYA 브로닌리 부대표와 이메일로 인터뷰한 내용을 요약했다.

평생 직업의 시대는 끝났다. 로봇과 인공지능 때문에 일자리 시장은 무서운 속도로 변한다. 지금 15세인 호주의 학생들은 직업(Job)을 선택하는 것이 아니라 7개의 직업군(Job Cluster) 중 하나를 선택해야 한다. 예를 들면, 기자가 포함된 직업군은 '알림이(The Informers)'다. 교사나 경제학자, 정책 분석가, 변호사, 미술관 큐레이터처럼 전혀 관계없어 보이는 직업들이 알림이에 속한다. 이들은 모두 데이터를 분석하고, 글쓰기에 능해야 하며 사회가 나아갈 방향의 큰 그림을 제시할 수 있어야 한다. 기자를 하다 말고 정책 분석가나 큐레이터를 한다면, 적응이 크게 어렵지는 않을 거란 얘기이다. 기자는 이중에서 적어도 5개의 직업을 선택해야 한다.

FYA가 호주의 상황에 근거해 제시하는 직업군은 모두 7가지다. 알림이 외에 돌봄이, 코디네이터, 제너레이터, 기술자, 디자이너, 장인 등이다. 돌봄이는 의사나 사회복지사, 피트니스 강사 등이 포함된 직업군으로 사람들의 몸과 마음을 돌봐준다. 코디네이터는 회계 장부를 작성하거나 버스를 몰거나 이삿짐을 나르는 식으로 반복적인 관리, 서비스 업무를 하는 이들이 포함된다. 제너레이터는 대인관계 역량이 매우 좋아야 하는 영업사원이나 호텔 매니저, 연예인 등이 해당되고, 디자이너는 전문 지식을 바탕으로 제품을 구성하는 건축가, 의류 패턴 제작자 등이다. 장인은 정원사, 목수같이 직접 몸을 움직여 뭔가를 만들어낸다. 그리고 기술자는 프로그래머처럼 디지털 기술에 능숙한 사람을 가리킨다.

앞으로 직장이라는 개념의 패러다임은 직업군 패러다임으로 변환해야 한다. 직업이 아니라 직업군을 기준으로 미래를 꿈꾸는 아이들을 교육해야 할 것이다. 직업이 아니라 직업군을 기준으로 미래를 꿈꾸는 아이들은 어떻게 사고하게 될까. "나는 사람들에게 중요한 이야기를 전달하는 사람이 될 거야. 선생님이나 기자, 정책 분석가 같은 거 말이야." 이런 꿈을 꾸는 아이들은 훨씬 더 유연하게 직업 세계에 접근한다. 단순히 무슨 학교, 무슨 과를 나오겠다는 것을 넘어, 어떤 역량을 키워야 할지 구체적으로 그릴 수 있을 것이다.

이와 같은 변화를 기존 직업과 직장 개념으로 이야기하자면, '15세 청소년들은 평생 5개 직업을 전전'하며 평생 공부한다는 마음가짐이 미래 설계의 기본이 될 것이다. 그렇다 해도 평생 5개의 직업이라니. 얼마나 고단한 삶이란 말인가.

리 부대표는 "지금의 아이들은 평생 배우고 변화하는 게 당연하다는 마음가짐으로 미래 설계를 해야 한다"고 말한다. 나쁘게 보면 피곤한 삶이요, 좋게 보면 매일 발전하는 삶이라 봐야 할 것이다.

호주 FYA 보고서는 우리에게 시사하는 바가 크다. 미국을 비롯한 선진국들은 물론 각 국가가 4차 산업혁명에 따른 미래직업의 변화에 관해 고민하고 연구하고 있다. 우리나라도 호주 FYA와 같은 교육단체를 통하여 미래직업을 대비한 과감한 교육혁신이 필요한 시대에 진입하고 있다.

우리나라에도 이미 35세인 강석일 씨는 교육콘텐트 개발자, 프리랜서 연구원, MC, PD 등 10개의 직업을 커뮤니케이션(소통) 능력으로 다양한 일(work)을 수행하고 있다. 강 씨는 활자 중독이라 불릴 만큼 읽고 쓰는 걸 좋아한다고 한다. 그는 스피치에도 큰 재능이 있다고 한다. 이젠 직업(Job)이 아닌 일(work)의 시대가 시작되고 있다.

경기도의 2017년도 '3차 빅포럼'도 그런 맥락(脈絡)에서 중요한 행사다. 2017년 10월 3일자 일간지에 실린 기사 내용을 소개한다.

> 경기도가 2017년 9월 20일에 성남시 분당구 경기창조경제혁신센터에서 '빅포럼(B.I.G Forum) 2017'를 개최했다. '4차 산업혁명과 글로컬(GLOCAL)의 진화'를 주제로 21일까지 열리는 올해 빅포럼에 세계적 석학과 글로벌 리더들이 대거 참석해 인공지능, 빅데이터, 클라우드 등 4차 산업혁명 기술의 융합이 사람과 사회에 미치는 영향과 전망에 대한 의견을 나누었다.
>
> 지난 1·2차 포럼이 빅데이터와 자율주행자동차가 가져올 미래

상에 대해 논의했다면 이번 3차 포럼은 민선 6기 경기도정(道政)의 양대 축인 '일자리 창출'과 '공유경제'에 대해 집중적으로 논의한다는 게 특징이다.

'빅포럼'에 참석한 칼 프레이 영국 옥스퍼드대 교수는 미래 고용을 전망하는 전문가 중 한 사람이다. 그는 같은 대학의 마이클 오스본 교수와 발표한 논문 〈고용의 미래〉(2003)에서 "20년 안에 미국의 706개 일자리 중 47%가 자동화로 사라질 것"이라고 주장해 충격을 던졌다.

보고서는 시간이 갈수록 더 큰 주목을 받고 있다. 2013년만 해도 그리 주목받지 않던 인공지능 기술이 최근 급속히 발전하며 자동화의 공포가 눈앞에 닥쳐서다. 지난 연말 발표된 오바마 행정부의 '인공지능, 자동화 그리고 경제(Artificial Intelligence, Automation, and the Economy)' 보고서는 이 연구를 비중 있게 소개하며 "인공지능으로 인한 일자리 감소에 대비해야 한다."고 강조했다.

인공지능과 로봇 기술이 발전하여 기계가 일자리를 대신하면서 대학 졸업자의 일자리는 줄어들고 '능력 이하의 일을 하는 사람들' 비율이 증가하고 있다. 고학력자의 일자리 증가에 비해 학사를 포함해서 그 이상의 고학력자들의 수는 증가하고 있다. 대학 졸업자들은 평생 직업이라는 안정된 공직이나 공기업에 취업하기 위해 삼수까지도 하면서 취업학원에 몰리고 있다.

분명한 것은 기술혁신에 따른 새로운 일자리의 숫자보다 기존 직종의 숫자가 더 감소한다는 것이 문제다. 미래직업에 관심을 가진 학자들도 고민하고 우려하고 있다. 물론 긍정적으로 전망하는 학자도 있지만, 그 누구도 장담할 수 있는 상황이 아니다. 급진적으로 변하고 있는 기술혁신에 적응하는 교육혁신이 절실한 때다.

2015년 11월 캐나다 토론토에서 '진보하는가'를 주제로 세계 정상급 지식인이 참석해 2인씩 2개조를 이뤄 토론을 벌이는 '멍크 디베이트(Munk Debates)'가 열렸다. 멍크 디베이트 의장인 '리드어드 그리피스'는 인류의 현재 상황이나 미래를 두고 낙관론자가 될 수도, 비관론자가 될 수도 있을 것이라고 했다. 즉 미래의 진보에 관해 아무도 긍정적으로 볼 수 없다는 것이다.

이런 상황에서 사람들은 미래를 걱정하며 어떤 일이 의미 있는 삶인지 생각할 것이다. 세계적 미래학자 제러미 리프킨(72)은 2017년 9월 20일에 개최하는 경기 빅포럼에 참석했다. 그는 빅포럼이 시작하기 전 9월 11일 일간지 기자와의 인터뷰에서 4차 산업혁명에 관해 이렇게 설명했다.

"4차 산업혁명이라는 표현은 잘못됐다. 최근 3차 산업혁명이 폭발적인 속도로 진행된 건 맞지만 여전히 3차 산업혁명의 시대다. 이 단어를 처음 소개한 클라우스 슈바프 세계경제포럼(WEF) 회장은 우리 모두를 혼란스럽게 했다. 한국 정부나 기업에 어떤 표현을 쓰라고 강제할 순 없다. 하지만 3분의 시간을 줄 테니 4차 산업혁명이 뭔지 설명해 보라는 말을 하고 싶다. 누구도 답할 수 없을 거다."

3차 산업혁명이 되었든 4차 산업혁명이 되었든 정부가 앞장서서 인공지능(AI)·로봇·빅데이터·사물인터넷·자율주행차·3D프린팅 등 관련 첨단기술 분야에서 경쟁력을 키우기 위해서는 구체적인 국가 전략을 마련해 추진해야 할 것이다. 정부와 국회는 창의적 기술개발을 위한 규제 정비와 제도적 지원에 나서야 한다. 이를 통해 신산업을 창출해야 할 것이다.

4차 산업혁명의 기술혁신으로 미래직업이 불확실하다. 이에 따라 평생 직업의 개념은 사라지고 몇 개의 직장을 옮기며 살아야 할 시대에 당면하고 있다. 이젠 재능이나 능력만이 능사가 아니다. 누구나 재능이 있는 일, 좋아하는 일, 선호하는 일만을 할 수 있는 시대가 사라진다는 것이다. 열심히 노력하고 애쓸 만한 일이 없어도, 좌절하지 말고 차분히 다른 일을 모색해야 한다.

이런 시대에 절실하게 필요한 사상은 빅터 E. 프랭클의 '의미 철학'과 '그릿(GRIT) 정신'이다. 어떤 일이 주어져도 그 일에 열정과 끈기를 갖고 일의 의미를 발견하는 것이다.

빅터 E. 프랭클은 "강제수용소에서 살아나온 사람들은 아무리 절망적인 상황이라도 우선 받아들이고 무엇보다 감정의 평정을 잃지 않도록 스스로 의미를 부여하며 주어진 현실을 극복해 나갔다"고 했다. 생존자들은 프랭클처럼 지옥 같은 수용소 생활 속에서도 '살아야 하는 의미'를 발견하고 불굴의 의지를 가진 사람들이다. '의미란 만들어지는 것이 아니라 발견하는 것이다'. 그리고 그것은 어떤 행위를 하고, 어떤 일을 창출함으로써 발견해 나가는 것이다.

미래 직장은 호주 FYA가 제시한 것처럼 직업군의 직종에 적응하는 능력이 필요하다. 직업군 안에서 어떤 직업이 주어져도 즐겁게 일하기 위해서는 그 일에서 의미를 발견해야 한다. '프랭클의 의미철학'이 절실히 필요한 시대다.

우리가 여러 직종에 종사하기 위해서는 대학교육도 수강생들이 선호하는 과목들을 선택하도록 학과라는 벽을 허물고 여러 직종에 적응할 수 있도록 지도해야 한다. 예를 들면 전기전자공학과, 컴퓨터공학과, 기계공학과 등의 벽을 허물고 학과군(Class Cluster) 개념을 도입해서 수강생들이 그 안에서 자유자재(自由自在)로 선택하고 다른 학과군에서도 선택할 수 있도록 하는 교육시스템이 필요하다. 이런 융합교육을 실행하기 위해서는 우선 교수가 변해야 한다. 융합교육을 선도할 수 있는 지도교수가 필요하다.

명문대학을 나와 선망하는 직장에 취직해 살겠다는 생각을 버려야 할 시기가 다가오고 있는 것이다. 공무원이 평생직장이라는 생각도 버려야 할 때가 다가오고 있다. 공무원이 먼저 4차 산업혁명의 선도자가 되어야 하기 때문이다. 호주 FYA 보고서를 타산지석(他山之石)으로 삼아야 할 것이다.

김황식 전 국무총리는 "독일의 경우 대학교육이 무료임에도 진학률이 40%다. 대신 자기 적성에 맞는 직업을 가질 수 있도록 직업교육을 충실히 해주고 있다"고 말했다.

우리는 지금 직업의 종말을 맞이하고 있다. 젊은 미래세대는 기성세대가 누린 직업에 대한 인식을 버리고 새로운 기회를 잡기 위해 미래지향적인 비전을 가져야 한다. 잘 준비한 자에게는 큰 기회가 될 것이다. 2017년 10월 20일자 일간지에 실린 기사(4차 산업혁명발 인력난 덮친다) 내용의 일부를 소개한다.

> 2017년 10월 13일 서울 롯데호텔에서 KAIST와 세계경제포럼(WEF, World Economic Forum)이 공동 주최로 '4차 산업혁명 시대 일자리의 미래와 포용적 성장'이란 주제로 '라운드테이블' 회의를 개최했다. 심층 토론에서 가장 충격적인 것은 신기술 인력 부족 사태가 이미 가시화되었다는 점이다. 토론자(패론)로 나온 이현순 두산그룹 최고기술책임자(CTO)의 발표는 우리에게 시사하는 바가 크다. "산업 현장의 추세에 따라 4차 산업혁명 기술을 기존 사업

에 접목하면서 생산성이 크게 향상됐다. 단순 계산으로 국내 전체로 확대 적용해보면 400만 명의 단순노동자가 일자리를 잃을 수 있다는 결론이 나왔다." 정보통신기술(ICT)의 발달로 주요 제조업에 기계와 장비를 전자적으로 제어하는 '스마트 공장'이 대거 보급된 결과라는 것이다. 해외 경쟁 기업들이 그렇게 하고 있으니 그 추세에 몸을 실을 수밖에 없다.

청중을 더욱 몰입시킨 건 그다음 발언이었다. "문제는 당장 현장에서 스마트센서·빅데이터·인공지능 같은 신기술을 다룰 사람을 구할 수 없다는 현실이다." 기업 현장을 매일 접하는 그의 우려처럼 한국은 극심한 4차 산업혁명에 필요한 구인난을 겪고 있다. 청년 체감실업률이 무려 22%로 고공 행진한다는데 신기술 인력은 구하려 해도 구할 수 없는 답답한 현실이다.

시사점은 한마디로 "4차 산업혁명을 기존 산업과 떼놓고 생각하지 말라"는 것이 이 포럼 전반을 관통하는 메시지였다. 한 기업인은 "정부가 4차 산업혁명위원회를 출범시키고 혁신성장에 시동을 건다고 했는데, 혁신은 먼 데서 찾을 게 아니다. 전통 기술에 신기술을 접목하는 것이 4차 산업혁명이다"고 말했다. 실제로 4차 산업혁명 선도국인 독일은 기존 제조업에 신기술을 접목해 공장을 스마트화하기 시작한 지 20년도 넘었다.

하지만 국내 기업, 특히 중소기업들은 과거에 멈춰 있다. 종업원

10인 이상 제조업체 67,000개 중 스마트공장은 5%에 그칠 만큼 산업 생태계가 취약하다. 스마트센서의 국산화율은 1.6%에 불과하다. 그러니 4차 산업혁명의 도래로 단순 근로자는 실직 위기에 노출되고, 기업은 신기술 인력 부족 사태에 직면하는 상황이 펼쳐지는 것이다.

WEF 참석자들은 "4차 산업혁명은 기존 산업을 신기술로 '스케일 업' 하는 것"이라고 강조했다. 신기술을 활용해 기존 산업의 수준을 올리는 것이 새로운 기술혁명의 본질이라는 이야기다.

기술혁신을 주도해야 할 유능한 청년들이 평생직장을 보장한다는 이유로 공무원이나 공기업에 취업하기 위해 학원에 몰려들고 있다. 유능한 청년들이 마음에 드는 직장에 가려고 실업자로 사는 현실은 어쩌면 사치다. 수많은 중소기업이 구인난을 호소하고 있다. '4차 산업혁명의 도래로 단순 근로자는 실직 위기에 노출되고, 기업은 신기술 인력 부족 사태에 직면하는 상황이 펼쳐지고 있다'는 이현순 두산그룹 최고기술책임자의 발언이 이를 증명하고 있다. 유능한 학생들이 공직·공기업이나 마음에 드는 직장에 취업하겠다는 사회는 희망이 없다. 이들이 혁신기술과 창업에 몰두할 수 있도록 선도(先導)하는 정부정책을 펼쳐야 할 것이다. 낡은 규제와 제도를 바꾸고 혁신 능력을 갖춘 인재를 키우는 환경이 되어야 한다.

그러나 현실은 유능한 청년층이 공무원·공기업이나 아니면 교사와 같은 안정된 직업만 선호한다는 것이다. 2017년 11월 8일자 일간지 사설(공무원·공기업만 선호해서 혁신성장이 되겠나)에 이런 내용이 있었다. 통계청이 어제 발표한 '2017년 사회조사 결과'에는 일자리 정부를 표방한 문재인 정부가 주목할 대목이 있다. 13~29세 청년층이 가장 근무하고 싶은 직장으로 국가기관(25.4%)과 공기업(19.9%)이 1, 2위로 꼽혔다. 세계적 투자가인 짐 로저스는 몇 달 전 서울 노량진 '공시촌'을 찾아 하루 15시간씩 공부하는 수험생들을 만난 뒤에 "한국은 투자처로 흥미가 없다"고 했다. 아마존이나 구글 같은 성공 스토리가 노량진에서 나올 리는 없다. 청와대의 일자리 상황판에 이번 조사의 공공부문 취업희망 비율도 함께 적시하기를 바란다. 이 숫자가 떨어지지 않는 한 정부가 뒤늦게 강조하는 혁신성장도 사람 중심 경제도 성공하기 어렵다.

기술과 세계화 덕분에 어느 때보다 풍요로운 시대를 맞이하고 있다. 그런데도 사람들은 여전히 많은 시간 노동에 시달리고 있다. 한국은 연평균 노동시간이 OECD 국가 평균 시간보다 훨씬 많으나 생산성은 하위권이라고 한다. 노동시간이 많다고 해서 생산성이 증가한다는 논리가 사라지고 있다. 적게 일하고 여유가 주어졌을 때 생산성은 더욱 증가한다는 것을 행복지수가 높은 선진 국가들이 증명하고 있다. 일에서 의미를 발견할 때 즐겁게 일을 할 수 있다. 이는 적게 일하고 생산성을 높일 수 있다는 것이다. 정부도 노동자가 좀 더 자유롭게 일할 수 있는 환경을 조성하는 복지정책을 펴야 할 것이다.

청년들도 생각을 바꿀 필요가 있다. 현재의 환경이 어렵지만 과거 부모 세대에는 더 어려웠다. 대부분의 부모들은 의식주를 해결하기 위해 직장을 가리지 않고 일을 하면서 오늘을 이룩했다.

마음에 맞는 직장에 취직하겠다며 황금 같은 기회를 실업자로 허송하는 것은 낭비다. 보수가 다소 낮더라도 중소기업에 입사해서 주어진 일에 '그릿 정신'을 갖고 그 기업을 성공시키겠다는 '삶의 의미'를 발견하는 CEO가 되었을 때 이 나라에 희망이 있다.

4차 산업혁명이 진행되면 구조조정, 합병과 인수, 첨단기술, 경력이나 직업 전환, 실직으로 인한 변화가 다반사로 일어날 것이다. 사람들은 이러한 변화에 각자 나름의 방식으로 대처할 수 있도록 준비해야 할 것이다. 이러한 변화에 적응하기 위해서는 주어진 일에서 일의 가치와 의미를 발견해야 할 것이다. 그래야만 즐거운 삶을 영위(營爲)할 수 있다.

CHAPTER

[07] 선택과 직관

선택과 직관

선택의 양면

우리는 선택과 더불어 살아간다. 아침에 일어나면 '아침식사는 무엇으로 할까?', '어떤 옷을 입을까?'부터 시작해서 하루에도 수많은 선택을 한다. 그러나 우리는 매 순간 자신이 선택을 하며 살고 있다는 것을 잘 인식하지 못한다. 매일 비슷한 일을 하다 보니 아무 생각 없이 선택하며 사는 시간이 적지 않다. 선택이라는 것이 때론 아주 하찮은 것일 수도 있지만, 그 선택이 인생을 바꿀 수 있을 정도로 중요할 수도 있다는 것을 잊고 있다. 진정한 삶은 선택의 중요함을 깨닫는 데서 시작한다.

샤르트르가 "인생은 B(Birth)와 D(Death) 사이의 C(Choice)다."라고 말했듯이, 태어나서 죽을 때까지 단순한 선택부터 시작해서 직업을 고르고 배우자를 만나고 삶의 목표를 세우는 중요한 문제에 대해서도 선택을 해야 한다. 물론 우리가 태어나고 죽는 것은 마음대로 선택할 수 없다. 하지만 죽음은 선택과는 달리 자살이 있다. 그러나 그것을 제외하고는 내 자신이 모든 것을 선택하면서 인생을 살아간다. 순간순간의 선택은 마치 도미노처럼 하나의 선택이 다음 선택에 영향을 미쳐 현재의 선택이 미래의 내 모습을 결정한다. 잘못된 선택은 다시 되돌릴 수 없기 때문이다.

인생의 선택은 나 자신이 자의로 결정하는 것이지만, 현실적으로는 나 자신만의 자의로 결정하지 못하는 경우가 비일비재하다. 어쩔 수 없는 선택은 연약한 인간이 가진 불가피한 일 때문이다. 돈, 가정, 건강, 환경 등의 문제로 할 수 없이 서쪽으로 가야 하는 길을 동쪽으로 갈 수밖에 없는 경우를 경험하기도 한다. 그래서 최선의 선택은 치열한 헌신과 대가를 수반하기도 한다.

고등학생 수능시험 결과가 나자마자 학부모는 자녀의 수능점수에 매우 민감하게 반응한다. 어느 대학, 어떤 학과에 지망 가능한가에 신경을 쓰기 시작한다. 그 결과 전문상담사들은 호황을 이룬다. 학부모는 자녀의 자질에는 관심이 없고 명문대학에 입학하는 것에만 관심을 갖고 대학을 선택한다. 대부분의 자녀들은 학부모의 의사에 따라 전공과목보다는 부모가 선호하는 대학에 입학하기를 원한다. 학생의 자율성보다는 부모의 주장이 훨씬 강하다. 이는 잘못된 관행이다. 4차 산업혁명에 부응하는 교육을 위해서 부모가 먼저 변해야 한다. 부모는 자녀가 선호하는 분야를 토대로 대학을 선택하도록 선도해야 한다고 나는 조언한다.

나는 백화점이나 의류 상가에 가서 옷이나 넥타이 등을 고를 때 몇 개의 상점들을 둘러보고 가장 마음에 드는 것이 있으면 바로 선택한다. 그러나 선택할 때, 어딘지 모르게 불편한 마음이 들거나 꺼림칙하면 구입하지 않는다. 원하는 상품을 많이 구경하다 보면 나중에는 그것이 그것 같은 생각이 들어 잘못 고를 수도 있다. 오히려 괜찮다고 생각하는 몇 개의 상점에 들러 둘러보고 마음에 드는 것을 선택하는 것이 후회가 없다. 어딘지 어색한 마음이 조금이라도 들면 구입 후에 반드시 후회가 따른다. 물론 상품을 선택할 때는 내가 구매하고자 하는 선택 기준을 세우고 그 기준에 의해 선택하지만, 조금이라도 거북한 마음이 들면 구입하지 않아야 한다. 선택할 때의 내 감정이 곧 내면의 목소리이다.

시장에는 다양한 식품과 가전제품 등을 비롯하여 필수품들이 진열되어 있다. 어느 슈퍼마켓에 들어가도 같은 품목이라도 그 종류는 제품회사에 따라 여러 종류가 있다. 예를 들어 치즈를 구입할 때 성분은 모두 비슷하면서도 그 질이 각각 다르고 값도 달라, 내 기준에 맞는 것을 구입하다 보면 많은 시간을 낭비하게 된다. 가전제품은 한 번 구입하면 장기적으로 사용하기 때문에 그 부담은 훨씬 더 커진다. 고가의 상품일수록 더 많은 시간을 소비하게 되고, 선택하는 행위 자체가 노동이 될 수 있다. 분명 자유로운 선택권이 많다는 것은 좋은 현상이다. 하지만 선택의 과부하가 좋은 것만은 아닌 것 같다.

경제학자이자 노벨상 수상자인 아마르티아 센의 저서 『자유로서의 발전』의 글이 떠오른다. 그는 선택의 자유를 무턱대고 신봉할 것이 아니라, 그것이 우리의 삶을 풍요롭게 하는지 궁핍하게 하는지, 우리를 자유롭게 하는지 구속하는지, 우리의 자긍심을 높이는지 떨어뜨리는지, 그리고 우리의 공동체의 참여를 가능케 하는지 방해하는지 자문해야 한다고 얘기한다. 자유는 자긍심, 공동체 참여, 자율성, 그리고 풍요로움에 필수적인 것이지만, 모든 선택이 자유를 신장시키는 것은 아니다. 특히 상품과 서비스의 선택 증가는 그런 종류의 자유에 거의 공헌하지 못할 수도 있다. 오히려 다른 곳에 더 잘 쓸 수 있는 시간과 에너지를 빼앗아 자유에 해가 될 수도 있다는 것이다. 그는 선택의 역설(Paradox of Choice)을 시사하고 있다.

나는 책을 읽거나 글을 쓰다가 답답하면 서점에 들러 내게 필요한 신간들이 있는지 둘러본다. 나는 대형서점보다는 중형서점을 더 좋아한다. 중형서점에도 대형서점에 있는 웬만한 책들이 진열되어 있고, 규모가 대형서점보다 작아 책을 고르는 시간이 절약된다. 신간들이 눈에 더 잘 뜨인다.

정보도 마찬가지다. 인터넷에서 내가 원하는 정보를 얻기 위해 많은 검색을 하면, 정보가 홍수처럼 넘친다. 정보에는 필요한 정보도 있지만 필요 없는 정보가 더 많을 수 있다. 필요 없는 정보와 필요한 정보를 구별하고 그중에서 내게 정말 원하는 정보를 선택하는 통찰력이 필요하다.

미국 대학 재학 시절, 내가 박사학위 논문을 쓰기 위해 참고문헌을 조사하는 것을 본 어느 유명한 교수가 "참고문헌을 너무 많이 찾으면, 논문을 쓰기 어렵네. 자기가 쓰려고 하는 주제에 참고가 되는 몇 편만을 선택해서 그것을 숙독하라"고 조언을 해주었다. 논문을 쓰고 보니 그 교수의 충고가 큰 도움이 되었다. 이것저것 뒤지다 보면, 시간만 낭비하고 스트레스만 쌓인다는 것을 깨달았다. 서점에서 관심 있는 주제에 관한 참고도서들을 선별해서 내 마음에 드는 책을 골라내는 과정도 쉬운 일이 아니다.

논리적으로 말하면, 한 제품에 대한 선택 수가 많아지면, 우리의 구매 욕구와 만족도 증가한다고 생각할 수 있다. 그러나 내가 경험한 바에 의하면, 선택 수가 많아지면 오히려 선택하는 일이 고역이라는 것이다.

통찰력이 뛰어난 저널리스트인 바스 카스트(Bas Kast)는 저서 『선택의 조건』에서 '선택의 패러독스'에 관해 조목조목 설명했다.

단골 슈퍼마켓은 250개의 잼이나 젤리를 판매하고 있다. 그는 잼에 관해 실험을 했다. 제공하는 가짓수가 많을수록 우리의 구매욕구도 커지다가 어느 일정한 양부터 포화상태가 지나면 싫증 나게 된다. 그 형태는 포물선 또는 무지개 형상을 이룬다. 그는 객관성을 높이기 위해 대학 도서관에 판매대를 설치하고 잼 대신에 매우 다양한 볼펜 모델을 진열하고 매우 싸게 판매했다. 실험 결과, 가짓수가 가장 적을 때나 가장 많을 때는 구매하는 사람들이 많지 않았으나 가짓수가 10개일 때가 가장 많이 팔렸다. 이 현상도 무지개 모양을 한다.

카스트는 자기공명영상(MRI)을 사용하여 뇌의 일정 부위의 활성화 현상도 선택의 수가 어느 수준을 넘으면 소강상태를 보였다고 한다. 예를 들면 우리는 5개에서 9개의(평균 7개의) 숫자로 이루어진 누군가의 전화번호를 기억할 가능성이 높다. 하지만 숫자가 더 늘어날 경우 기억용량이 한계에 이르러 기억하기 힘들어진다. 이미 수십 년 전 미국의 심리학자 조지 밀러는 우리가 평균 7개의 정보 단위를 기억할 수 있다고 보았다. 밀러는 '신비의 수 7'로 유명해졌다.

우리의 판단 능력은 7±2개의 가짓수에서 최대의 만족감을 느낄 수 있지만, 이를 넘어서면 과부하가 걸려 일종의 구토 증세를 일으킬 수도 있다는 것이다. 최근 조사에 따르면 실질적인 친구의 수는 7명이었다.

카스트는 가짓수가 많으면 우리의 기억 활동이 혹사당할 뿐만 아니라

좁은 의미에서는 우리의 심리까지도 혹사당한다. 이는 다음과 같은 세 가지 측면에서 살펴볼 수 있다고 한다.

첫째, 우리가 선택할 수 있는 대안이 많을수록, 우리가 버릴 수밖에 없고 또 아쉬워하게 될 대안도 늘어난다. 경제학자들은 이를 '기회비용' 또는 '대안비용'이라고 표현한다. 예를 들어 자유의 기회비용은 돈일 수도 있다. 즉 자유를 누리지 않고 그 시간에 일을 함으로써 벌 수 있는 돈이다.

둘째, 우리가 선택할 수 있는 대안이 많을수록, 기회비용뿐만 아니라 선택한 대안에 대한 기대도 커진다.

셋째, 선택할 여지가 없으면 죄책감을 느낄 이유도 없다. 반면 선택할 수 있는 대안이 많아 선택이 자유로울수록, 죄책감과 후회의 여지도 커진다.

여기서 우리는 고민하기 시작한다. 예를 들어 여자 친구와 둘만의 휴가여행을 떠났는데 그 여행이 악몽으로 끝났다면, 같은 시기에 다른 여행을 했을 때 만끽할 수 있는 즐거움과 비교해서 자신이 내린 선택과 결정을 유감스럽게 생각할 것이다. 게다가 휴가여행을 망친 장본인이 바로 자신이라는 죄책감도 느낄 수 있다. 좀 더 잘 알아봤더라면, 또는 인색하게 굴지 않았더라면 악몽 같은 휴가여행을 피할 수 있었을지도 모르기 때문이다. 바로 전형적인 기회비용의 사례인 셈이다.

인간은 사소한 선택에서부터 인생을 바꾸는 선택에 이르기까지 다양한 선택을 하며 산다. 즉 인생은 선택이다. 생활이 풍족할수록 한 품종에도 다양한 제품을 경쟁적으로 생산한 결과, 선택이 인생의 짐이 된다. 앞에서 설명한 바와 같이 개인적 자율성의 상징인 선택이 일정한 숫자를 넘으면, 오히려 만족도가 떨어져 해결책이 아니라 문제(독)가 될 수 있다는 '선택의 패러독스(Paradox of Choice)'에 직면하게 된다. 즉 선택의 패러독스는 선택의 자가당착(自家撞着)이다.

생활이 풍요로워짐에 따라 선택의 기회가 많아지면서 후회도 많아진다. 거부(拒否)한 대안들이 더 나은 것으로 생각하며 후회하기 때문이다. 선택의 기회가 늘어날수록 결정권이 늘어난 만큼 책임도 커진다. 어떠한 실수를 범하든 결국은 그 책임은 자신이 감내해야 한다. 상대적으로 덜 중요한 결정에서도 실수는 큰 피해를 불러올 수 있다. 특히 대인관계에서 흔히 경험할 수 있는 일이다.

우리 부부가 선호하는 아파트 단지 부동산 사장이 소개하는 집을 구경했다. 15층 아파트에 11층이고 정남향에 앞이 트이고 소음도 비교적 낮아 마음에 들었다. 아내는 당장 계약을 하자고 했으나 나는 망설였다. 우리가 사는 아파트를 부동산에 내놓은 상태여서 대출이 부담이 되었다. 아내와 상의한 결과 대출을 받아 구입하기로 결정을 하고, 다음날 아침 부동산에 들렀더니 다른 사람이 이미 계약을 했다는 것이다. 계약을 했다고 하니, 그 아파트가 더욱 좋게 보여 아쉬움이 컸다. 부동산 사장

이야기는 아파트 가격이 오른다는 시장 분위기여서 매매를 내놓은 아파트들이 다시 들어가고 있다는 것이다. 그 이야기를 듣자 아파트 구매욕이 더욱 치솟아 같은 아파트 단지에 있는 다른 동에 있는 아파트를 구경했다. 정남향에 전망이 훤히 트이고 야산이 한눈에 들어와 마음에 들었다. 다만 아파트 옆으로 대로가 있어 차 소음이 있다는 것이 흠이었다. 그러나 매매를 내놓은 집이 없어 바로 계약을 했다. 우리가 계약을 하자 집값이 상승하는 분위기였다. 우리가 내놓은 아파트도 쉽게 팔게 되어 대출을 받을 필요가 없었다. 남의 떡이 더 크게 보인다고 처음에 구입하고자 한 아파트 집이 더 좋아 보여, 그 앞으로 지나갈 때마다 아내는 아쉬워한다. 15년이나 되었는데도, 아내는 여전히 '저 집을 구입했어야 하는데' 하며 아쉬워한다.

심리학자 배리 슈워츠(Barry Schwartz)의 저서 『선택의 심리학(The Paradox of Choice)』에서 '선택의 패러독스'에 대한 적절한 예화를 소개한다.

"지금 건강한 사람들에게, 만약 당신이 암에 걸린다면 항암요법을 선택할 때 본인의 의사가 적극적으로 반영되기를 바라느냐고 물었다. 예상대로 절대 다수의 사람들이 자신이 선택 과정에 참여하길 원했다. 이번에는 지금 현재 암에 걸려 투병하고 있는 환자들에게 똑같은 질문을 했다. 결과는 어땠을까? 대부분의 환자들은 그저 의사가 자신을 대신해서 선택해주길 바랐다. 삶과 죽음의 문턱에서 우리 삶이 좀 더 근본에 도달해 있을 때, 선택권은 그들에게 고통을 가중시키는 부담일 뿐이었다."

사람들이 모두 똑같이 후회에 민감한 것은 아니다. 저자는 동료들과 함께 후회에 관한 개인의 차이를 측정했을 때, 후회를 많이 하는 사람들은 후회를 덜 하는 사람들보다 덜 행복하고, 삶에 덜 만족하고, 덜 낙관적이고 더 우울하다고 얘기한다. 주위 친구들 중에는 만날 때마다 세상살이에 대하여 불평부터 시작하는 사람들이 있다. 이런 친구들은 가급적 피하게 된다.

특정한 결정을 결코 후회하지 않는 방법은 가능한 한 최선의 선택을 하는 것뿐이다. 일단 선택했으면 받아들이고 만족하려고 노력하는 훈련이 필요하다. 선택의 결과는 현실이기 때문이다.

최고만을 선택을 해야 한다는 강박관념에 시달려 쉽사리 결정을 내리지 못하는 사람을 극대화자(Maximizer)라고 한다. 극대화자의 대안은 만족자(Satisficer)다. 만족자는 충분히 좋은 것을 받아들이고, 더 좋은 것이 있다는 가능성에 대해 걱정하지 않는다. 만족자는 자기 나름의 기준을 갖고 그 기준에 만족할 줄 아는 사람이다. 그러므로 극대화자는 만족자보다 불행하다.

극대화자는 당연히 만족자보다 후회를 많이 할 것이다. 극대화자는 끝이 없는 최고의 만족을 추구하기 때문이다. 불행한 사람이다. 그러나 만족자는 선택한 대안이 자신의 기준에 충분히 맞기만 하면, 더 이상 탐색하지 않기 때문에 극대화자보다 더 행복하다는 것을 저자는 설문조사에 의한 연구로 확인했다.

이 책의 부제 'Why more is less'가 이를 잘 설명하고 있다. 더 많은 선택의 기회가 더 적은 선택의 기회보다 만족스럽지 못하다는 것이다. 과유불급(過猶不及)이라는 옛말이 있다. 정도를 지나침은 모자람보다 못하다는 뜻이다. 우리의 삶을 즐겁게 살아가기 위해서는 만족하는 법을 배워야 한다. 사소한 것에 만족할 줄 아는 사람이 행복한 사람이다. 적은 것에 감사하고 만족하는 훈련이 필요하다.

슈워츠는 "다른 길을 선택했어도 당신은 분명 후회 없는 삶을 살 수는 없었을 것이며, 후회를 덜할수록 우리의 삶은 더 나아지리라"고 말한다. 그리고 앞으로도 선택하지 않고서는 살아갈 수 없으므로 후회를 줄일 수 있는 '선택의 11가지 원칙'을 마지막 장에서 제시하면서, "꾸준한 연습, 절제력, 그리고 새로운 사고방식이 필요할 것"이라고 말한다.

슈워츠의 '선택의 11가지 원칙'을 요약하면 아래와 같다.

1. 언제 선택할지 결정하라.

선택의 기회가 생길 때 그 선택에 만족하면, 무슨 일이 있어도 선택을 해야 한다.

2. 세심한 선택자가 되어라.

무분별한 선택은 피하고 주인의식을 갖고 선택한다.

3. 더 만족하고 덜 극대화하라.

자신의 목표와 희망을 세심하게 생각하고, 무엇이 그것을 위해 '충분히 좋은 것'인지 적절한 기준을 갖고, '최고'보다는 '충분히 좋은 것'에 만족하라.

4. 기회비용을 생각하라.

우리가 가장 좋은 대안을 선택할 때 포기하는 대안들을 생각해보는 것이 결정에 좋은 경우가 많다. 그러나 '기회비용'은 다른 대안들을 고려할수록 커진다.

5. 결정을 돌이킬 수 없는 것으로 만들어라.

우리는 결정을 돌이킬 수 없을 때 다양한 심리적 과정을 통해 우리가 이미 한 선택이 다른 대안보다 더 낫다고 느낀다.

6. 감사하는 태도를 연습하라.

우리는 선택이나 경험의 좋은 점에 더 자주 감사하고, 나쁜 점에 덜 실망하려고 의식적으로 애쓸 때 더 만족할 수 있다.

7. 후회를 적게 하라.

8. 적응을 예상하라.

무엇을 선택하든지 어느 정도 시간이 지나면 별 차이가 없어진다는 것을 생각하자.

9. 기대를 통제하라.

너무 큰 기대를 하지 말자.

10. 사회적 비교를 줄여라.

비교는 불행의 씨앗이다.

11. 제약을 사랑하라.

사회의 질서를 위해 마땅히 따르고 지켜야 할 준법(峻法)들이 있다. 이와 같은 준법들은 선택의 자유를 제한하지만 우리를 보호하고 더욱 자유롭게 해준다.

슈워츠는 선택의 자유에는 일종의 '표현적 가치'가 있다며 이렇게 말한다.

"선택은 세상에 대해 우리가 누구인지, 그리고 우리의 관심이 무엇인지 얘기할 수 있게 해준다. 나는 내가 원하는 옷을 입으며 당신이 어떻게 생각하든 상관하지 않는다."

자신을 표현하려면 적절한 선택의 수가 있어야만 한다. 하지만 선택의 표현적 기능은 우리가 선택을 자유롭게 할 수 있을 때만 가능하다. 자율성은 우리의 행동들에 대해 각자가 책임을 지도록 요구한다. 이제 자율성이 그것에 대한 정치적, 도덕적, 사회적 의존을 넘어 심리적 행복과 불행에도 큰 영향을 끼친다는 것을 안다. 우리가 하는 모든 선택은 우리의 자율성과 자립성을 보여주는 것이다.

인생은 끊임없는 선택의 연속이다. 삶이 풍요로워지면서 선택의 기회도 늘어난다. 당연히 우리는 선택의 자유가 늘어난 만큼 더 행복할 것 같으나 많은 가짓수에서 하나를 고른다는 것은 쉬운 일이 아니다. 대부분의 사람들이 경험했을 것이다. 인생의 진로를 결정하는 기로(岐路)에서 어떤 길을 선택할 것인가는 매우 중요한 문제다. 하나를 선택하면 다른 대안들을 포기해야 하기 때문에 선택하기에 앞서 신중한 자세를 요구한다. 선택은 포기를 의미하므로 지혜가 필요하다.

선택할 대안이 많으면 자기가 원하는 기준을 명확하게 기록한 메모를 기준으로 각 대안의 장점과 단점을 비교 분석해서 대안을 가능하다면 두 개 정도로 줄일 것을 권한다. 처음부터 너무 세심하게 고르다 보면 나중에는 초점을 놓칠 수 있기 때문이다. 최종 대안들을 신중하게 비교 분석해보면 자신이 원하는 것이 무엇인지 분명해질 것이다.

어느 성공한 기업가가 '지나치게 신중한 사람은 성공하기 어렵다'고 말했다. 매사에 깊이 생각하고 행동하는 사람은 실수할 확률은 줄겠지만, 기회를 놓칠 확률은 증가하기 때문이다. 진정으로 원하는 것을 찾아라. 최종 결정을 한 순간에는 자신의 모든 역량을 선택한 일에 다해야 최대의 성과를 거둘 수 있다.

내일은 오늘 내가 선택한 것이다. 오늘의 선택이 반드시 좋은 결과를 이루는 것은 아니다. 모든 선택의 결과에는 성패(成敗)가 따른다. '구더기 날까 봐 장 못 담근다'라는 옛말이 있다. 실수하는 것이 두려워 선택할 기회를 미룬 사람보다는 기회가 오면 신속한 결정을 내리는 사람이 성공한다. 일상생활에서 행하는 루틴과 같은 일들의 과정은 자신의 원칙

대로 밀고 나가는 데 있어서 결코 포기하거나 주저해서는 안 된다.

우리는 일상생활에서 부와 행복이 당연히 비례관계에 있다고 생각을 한다. 그러나 부유한 서구나 미국, 일본 등 생활수준은 증가하고 있지만 그곳에 사는 국민들의 행복지수는 대체로 답보 상태에 머물고 있다. 연구 결과에 의하면 국가의 GNP가 어느 정도 오르면 더 오르지 않는다고 한다.

우리는 더 행복해지기를 바라지만 그 이면에 깔린 그늘 역시 커진다. 부의 그늘(역설)에 관한 이유를 바스 카스트(Bas Kast)는 그의 저서 『선택의 조건』에서 이렇게 설명하고 있다.

첫 번째, 부는 친밀한 관계에 걸림돌이 된다는 가설이 있다. 이 가설은 부와 돈이 전통적인 공동체나 가족 간의 우대, 우정을 해체시키고 고립과 고독을 초래한다는 것을 의미한다. 이 가설에 따르면 부유한 사회에 살고 있는 사람들은 거의 모든 면에서 풍족함을 누리지만 단 한 가지만은 그렇지 못한다. 바로 친밀한 관계다.

두 번째, 우리 자신이 변화한 탓도 있다. 더 편식하거나 불면으로 인한 스트레스를 많이 받고 충분한 휴식을 취하지 못해 과거보다도 더 자주 병에 걸린다. 이는 병원체와 다르다.

미국 예일대학 정치학 교수 로버트 레인은 저서 『시장 민주주의에서 행복의 상실』에서 오늘의 사회는 "따뜻한 인간관계나 이웃과 가족 간의 유대 면에서 일종의 굶주림 상황에 있다."라고 확신했다. 카스트는 이에 동의하며 이렇게 말한다. "우리는 사실상 정신적으로 어느 정도 결핍되어 있거나 편식 증상을 보이고 있다."

이렇게 부유한 사회에서 인간관계의 결핍이 생기고 부유한 사람들이 더 외로울까에 대한 이유를 카스트는 이렇게 설명한다.

원칙적으로 말하면, 돈을 잘 버는 사람들에게 인간관계에 대한 기회비용이 매우 크다. 고소득자의 경우 친구와 가족과 함께 시간을 보낼수록 비교적 많은 돈을 날리는 셈이 된다. 친구와 가족과의 관계를 원만하게 유지하려면 소중한 시간을 투자해야 하는데, 고소득자에게는 이럴 만한 시간적 여유가 없다. 시간 부족은 인간관계에 영향을 미치기는 하지만 가장 중대한 문제는 아니다. 오히려 문제의 핵심은 부 그 자체에 있다. 부와 돈은 주변 사람들과의 거리를 확대하고, 가족과의 사랑, 친구와의 우정이나 이웃과의 관계를 약화시키고 부분적으로는 완전히 해체하는 힘을 지니고 있다.

나도 카스트의 설명에 전적으로 동의한다. 가족과 친구 관계에 있어서도 빈부격차가 생기면 가진 자가 아무런 편견 없이 형제자매를 가족 모임에 초대하거나 친구 모임에 초청하여도 경제적으로 어려운 처지에 있는 형제자매나 친구들은 참석을 망설인다. 많이 가진 자가 어려운 형제자매나 친척들을 평소에 관심을 갖고 배려하고 사랑하며 겸손한 마음으로 물질적 나눔을 실천해야 친목이 유지된다. 우리 사회에도 재벌들이 선친의 재산 상속 문제로 서로 소송을 하는 추태를 보면, 잘잘못을 떠나 모두 불쌍하게 보인다.

심리학자 빅터 프랭클의 저서 『죽음의 수용소에서』에 실린 글이 떠오른다.

"성공을 겨냥하지 말라. 성공을 목표로 삼고 겨냥하면 할수록 성공에서 점점 더 멀어진다. 행복과 마찬가지로 성공은 추구한다고 얻어지는 것이 아니다. 결과로 발생해야 한다. 성공이란 자신보다 더 큰 대의에 매진할 때 뜻하지 않은 부산물로 얻어지는 것이다."

세상의 욕심을 버리고 절제하며 겸손하게 이웃을 배려하고 사랑하는 지혜가 필요하다. 이와 같은 삶이 진정한 성공이고 행복이 아닐까?

직관의 힘

복잡한 인생 문제들을 단순한 이야기를 통해 지혜를 깨닫게 하는 세계적인 베스트셀러 작가 스펜서 존슨(Spencer Johnson)의 저서 『선택』을 보면 '인생 산행 길'이라는 여행에 참가한 한 젊은이가 체험을 통해 더 나은 '선택의 원칙'을 깨닫게 되는 이야기가 나온다. 그 핵심을 소개하면 이렇다.

첫째, 내가 정말로 필요한 것이 아니라 원하는 것을 추구하고 있는가?

둘째, 필요한 정보를 제대로 모아 선택의 폭을 넓히고 있는가?

셋째, 내게 꼭 필요한 결과를 얻을 수 있도록 결정을 내리기 전에 충분히 생각했는가?

이와 같은 질문들을 나 자신에게 던져 대답해보는 것이다. 이렇게 하다 보면 어떤 선택이 "yes(합격)" 인지 혹은 "no(불합격)"인지 가려낼 수 있다. 그러나 내가 선택의 결정을 내릴 때 어떤 감정 상태를 갖는지를 자신에게 물어보라는 것이다. 결정을 내릴 때 진지하게 자신에 물어보고 자신이 결정하는 '직관'이 중요하다는 것이다. 나의 결정이 어쩐지 마음에 들지 않는다면 더 나은 것으로 바꿀 필요가 있다. 존슨은 "직관은 과거의 경험을 바탕으로 한 무의식적인 지식"이라고 설명한다. 즉, 스스로 맞는다고 자각하는 것이다. 이것을 '내면의 목소리'라고 한다.

존슨은 직관을 활용할 때 중요한 것은 어떤 기분을 느끼는지 살펴보는 것이라고 했다. 결정을 내릴 때 아주 힘들다는 기분이 든다면, 대체로 결과도 나쁘다는 것이다. 그러나 평안한 기분이 든다면, 자연히 그 결과도 훨씬 좋다고 한다.

독일 최고의 직관 전문가인 엘프리다 뮐러-카인츠와 크리스티네 죄닝은 저서 『직관의 힘』에서 "직관은 내면의 목소리이며 이는 영혼의 언어다. 이 목소리는 조용하고 고요하며, 감정을 객관적으로 나타내 주는 신호기의 역할을 한다. 이 목소리는 열광적이거나 들떠 있지 않다. 내면의 목소리를 최대한 잘 듣기 위해서는 모든 생각과 감정, 희망과 기대를 잠재워야 하지만, 그러한 이상적인 상태에 도달할 수 있는 사람은 현실적으로 매우 드물다."고 하였다.

뉴질랜드 오클랜드에 살고 있는 리처드 로건과 필립 로건은 심리학과 철학, 종교, 과학에 심취한 형제로서, 그들의 저서 『위대한 영감』에서 "모든 영감은 내면의 목소리로 다가온다. 이 영감은 정신의 무의식적인 기저(基底)에서 의식의 표면으로 나온다."고 말한다. 그들은 내면의 목소리를 좀 더 구체적으로 "직관, 통찰력, 신비한 체험, 계시 등과 같이 다양한 경험을 통해 들을 수 있다. 그리고 내면의 목소리는 내 양심이자 창조성의 불씨인 동시에 미래를 예견하고, 인생의 목적을 가르쳐주며, 안내자가 되어준다."고 설명하고 있다. 그들은 영감(내면의 목소리)이 일반 대중과 역사상 위대한 인물들을 구분 짓는 결정적인 차이라고 했다. 그들에 의하면 영감은 누구에게나 있다. 다만 내면 깊숙이 숨어 있어서 찾지 못할 뿐이다. 세상을 바꾸는 위대한 영웅들은 적극적이고 끈질기게 잠든 영감을 깨우고 숨어 있는 영감을 찾아서 100% 활용한 사람들이라는 것이다.

『직관의 힘』에서 내면의 목소리를 영혼의 언어라 했는데, 나는 영혼의 소리가 곧 '영감'이라고 생각한다. 우리는 천부적 재능을 발휘하는 천재들을 흔히 '직감이 있는 사람'이라고 하지 않고 '영감이 있는 사람들'이라고 한다. 그래서 '직관'보다는 '영감'이라는 단어에 더 친숙하다. 그래서 나는 직감과 영감을 구별하지 않고 동일한 단어로 사용하기로 한다. 레오나르도 다빈치, 모차르트, 베토벤, 토마스 에디슨, 아인슈타인은 모두 직관적 사고를 통해 영감을 받아, 위대한 업적을 이룬 천재들이다.

우리는 생활이 풍요로워지면서 감당하기 힘들 정도로 밀려오는 광대한 정보들을 논리적 사고만으로 처리할 수 없는 한계에 부딪히게 된다. 이때 '직관의 힘'이 필요하다. 그러므로 국가나 사회와 기업의 지도자들에게 필요한 것은 바로 강력한 의사결정을 할 수 있는 직관력이다. 물론 일반 대중에도 직관은 중요하다.

세계 최대 갑부인 빌 게이츠 마이크로소프트(MS) 회장은 천부적 직관력이 있지만, 1년에 두 차례씩, 일주일간 미국 서북부 호숫가의 한적한 오두막에서 홀로 있는 시간을 통해 영감을 얻어 MS의 미래 경영전략을 짜고 새로운 사업구상을 하였다고 한다. 스티븐 잡스도 더 나은 직관력을 위해서 명상과 수련을 했다고 한다. 특별한 사람들에게만 영감이나 직관이 주어지는 것이 아니다. 우리 모두에게도 직관을 떠올릴 수 있는 능력이 있다. 내면의 목소리를 듣는 방법을 몰라서 그 길을 찾아 나설 수 없을 뿐이다. 내면의 목소리는 인생의 나침반이다. 내면의 목소리에 귀를 기울이면, 내면 깊숙이 숨은 영감의 문이 열린다. 이 문은 나만을 위한 문이다.

'직관' 하면 현대그룹의 창시자, 정주영이 먼저 떠오른다.

그가 서산간척지를 만들 때 서산만 바다를 막는 길이 총 6,400미터 중 초속 8미터의 무시무시한 급류를 막는 마지막 공사 270미터에 유명한 토목기술사와 교수들이 참여했으나 해법을 찾지 못했다. 그때 정주영 회장이 나섰다. 그는 토목에 관하여 제도적 교육을 받지 못했으나, 30억 원을 주고 스웨덴에서 구입한 길이 332미터 고철 폐(廢)유조선을 사용하여 초속 8미터의 급류를 막는 지혜를 보여주었다. 이 공법을 '정주영 공법'이라고 한다. 이와 같은 창조적이고 획기적인 결정은 과학적이거나 합리적인 과정이 아니라 논리적으로 설명할 수 없는 '직관적인 힘'에 따른 것이다.

삼성그룹을 창업한 이병철 회장은 평소 반도체가 국가적 사업이고 미래 산업이라는 소신을 갖고 관심을 가졌다. 그러나 당시 74세인 그에게도 막대한 비용이 드는 반도체 산업을 시작하는 것이 부담이 될 수밖에 없었을 것이다. 수많은 위기를 넘겨온 삼성이었지만 잘못되면 재기할 수 없을 정도로 무너질 수 있었다. 임원들과 참모진 모두 반도체 선택을 만류했다. 그런 모든 위험에도 불구하고 이병철 회장은 시기적으로 '반도체'를 선택하는 것이 적절하다고 확신하자, 사업을 선언하고 추진했다. 그러나 1983년 삼성이 반도체 사업에 진출했을 당시엔 외부 환경이 녹록치 않았다. 미국과 일본의 반도체 경쟁이 심화되고 철저한 기술보호주의가 만연하던 때였다.

그는 미국의 반도체 벤처 기업인 '마이트론'과 일본의 '샤프'와도 기술 제휴를 맺었다. 그리고 해외 우수한 반도체 전문가 이임성, 이일복, 이종길, 진대진, 권오현, 황창규 등을 영입했다. 이종길 박사를 필두로 한 연구진들은 반도체 첫 생산 품목으로 '64KD램'을 생산했다. 이를 시작으로 한 삼성 반도체 사업이 오늘날 세계 1위의 기업으로 성장했다. 이는 이성과 논리적인 사고의 한계에서 벗어나 종합적이고 장기적인 안목을 갖고 용단을 내린 이병철 회장의 직관의 힘을 보여준 좋은 사례다.

직관적인 힘을 갖는 경영자를 배출하여야 고용창출을 확대할 수 있다. 위대한 과학자나 뛰어난 예술가 그리고 성공한 기업의 유능한 CEO들은 직관적 기능이 탁월한 사람들이다.

우리도 산책하거나 멍청하게 방 안에 있을 때, 방송을 듣거나 친구와 이야기를 하거나 들을 때, 섬광처럼 순간적으로 내면의 목소리, 즉 직감이 떠오르는 경험을 한다. 이런 직감 또는 아이디어들이 평소에 계획하였거나 고심했던 문제를 해결해주는 경우가 있다. 순간적인 직감이기에 그것을 바로 메모하지 않으면 잊어버린다. 그래서 평소 우리에게 순간적으로 섬광처럼 찾아오는 직감에 귀를 기울이는 연습을 하는 것이 직관력을 키우는 훈련이라고 생각한다.

직관 전문가인 린 A. 로빈슨도 그의 저서 『직관이 답이다』에서 "직관은 섬광처럼 순간적으로 찾아온다."고 했다. 좋은 예로 역사적으로 가장 많은 발명품을 남긴 토마스 에디슨을 들 수 있다. 그는 직관에 대한 열렬한 신봉자라고 한다. 평생 동안 평균 2주에 하나씩 발명품 특허를 낸 그는 항상 영감(직감)이나 아이디어가 떠오르면 수첩에 적어 두었다가 발명으로 연결시켰다고 한다. 그래서 에디슨이 세상을 떠날 때까지 그렇게 채운 수첩이 3,400여 개나 된다고 한다. 평범한 우리도 어떤 문제에 부딪칠 때 그 문제에 관해 자신의 내면에 적절하게 질문하는 습관을 가져야 한다. 적절한 질문이 훌륭한 답을 이끌기 때문이다. 올바른 결정을 내리는 순간에는 존슨이나 필러-카인츠가 설명한 것처럼 안도(安堵), 열정, 열의, 열망, 흥미와 같은 감정이 일어난다. 반대로 재앙으로 이끌지도 모르는 잘못된 결정을 내리는 순간에는 기분이 찜찜하고 중압감에 눌리고 따분해지고 무기력해진다. 그러므로 우리는 내면의 목소리에 귀를 기울여 그 소리를 듣는 훈련을 해야 한다. 그러기 위해서는 명상이나 수련과 같은 적극적인 훈련을 통해 욕심과 근심, 걱정으로부터 자유로워져 우리의 영혼이 깨끗해야만 올바른 내면의 목소리를 들을 수 있다. 마음을 비우고 정직하고 성실한 마음으로 소원을 기도할 때 영감을 받을 수 있다. 그래서 기도는 중요하다.

우연히 일어나는 일들이 중요한 결정에 도움이 될 때도 있기 때문에 우연에 주의할 필요가 있다. 꿈을 가진 사람들에게 '행운의 우연'이 찾아온다. 준비되지 않은 사람들에게는 우연히 찾아와도, 그 안에 귀중한 암시가 들어 있음을 감지하지 못한다. 그래서 우연의 행운을 감지하는 사람에게는 우연이 필연이 될 수 있다.

순간의 선택이 평생을 좌우할 수 있다고 생각하자. 그리고 올바른 선택을 위한 직관의 훈련에 관심을 갖고, 순간적으로 떠오른 직감이나 아이디어를 적을 수 있는 수첩을 준비하고 메모하는 습관을 기르는 것이 어떨까? 그러나 직관 못지않게 중요한 것은 복잡한 상황을 단번에 이해할 수 있는 통찰력이다. 현명한 직관에는 사물을 판단하는 통찰력에 기초를 두고 있기 때문이다. 경쟁이 치열한 세상에서 올바른 선택법을 배워 성공과 행복을 얻기 바란다.

2016년 3월 9일부터 7일 동안 서울 광화문 포시즌스 호텔에서 열린 구글 딥마인드의 인공지능 알파고와 21세기 최고의 바둑 고수인 이세돌 9단이 5번에 걸쳐 세기의 대결을 펼쳤다. 국민의 관심과 시선으로 지켜봤던 지상 최대의 바둑 쇼였다. 비록 5번의 대국에서 4번은 패배를 했지만 이세돌 9단의 1승은 '인간의 직관'이 얼마나 위대한가를 보여주었다.

알파고(Alpha Go)는 1202대의 CPU(중앙처리장치)와 GPU(그래픽처리장치)를 갖춘 인공지능 컴퓨터이다. 인공지능(AI) 바둑 프로그램인 '알파고'는 인간이 16만 번 둔 기보를 기반으로 데이터화한 16만 판의 데이터를 가지고 학습을 했고, 이후에는 스스로 셀프 시뮬레이션을 해서 나머지 데이터를 얻었다. 그 결과 알파고는 원천 데이터 범위 안에서는 실수가 없지만, 인간은 감정의 동물이라 실수를 할 수 있다. 이 대결에서 알파고는 마주한 이세돌 9단의 실수를 '노린 수'였다고 나는 생각한다.

이세돌 9단은 일간지 기자와의 인터뷰에서 이렇게 소감을 밝혔다.

"4국부터는 해볼 만하다고 생각했다. 특히 5국에서 정말로 붙어 보고 싶어서 준비를 많이 했는데 정말 아쉽다. 3연패를 했을 때보다 5국에서 졌을 때가 더 마음이 아팠다. 상대가 기계라는 점을 의식해 감정적으로 흔들린 부분이 있었고, 꼭 이기고 싶다는 생각에 과욕을 부렸다. 4대 1로 져서 부끄럽다. 변명의 여지가 없다."

40년간 인지과학 분야를 연구한 게리 클라인(Gary Klein)은 그의 저서 『인튜이션(Intuition)』에서 빅데이터 시대의 역설(逆說)인 인간의 '직관(Intuition)'의 중요성을 학문적으로 소개하고 있다. 학문적으로 볼 때 의사결정은 두 분야로 나눌 수 있다. 첫째는 데이터를 근거로 한 분석적 의사결정이며 또 다른 분야는 이 책에서 다룬 직관에 의한 의사결정이다. 직관에 관해서는 이미 위에서 다루었다. 그러나 데이터가 홍수처럼 밀려오는 빅데이터 시대에 데이터를 근거로 한 분석적 의사결정의 가치만큼 '직관'의 중요성을 간과할 수 없다. 그 점에서 나도 클라인의 직관의 중요성에 동감한다.

『인튜이션』에서 다룬 직관의 내용은 다양하다. 이 책을 감수한 카이스트 교수는 직관의 개념을 간단명료하게 이렇게 요약했다.

"직관은 다양하게 정의할 수 있다. 복잡한 상황에서 어떤 결정을 내렸지만 그 과정을 논리적으로 설명할 수 없거나 특정 의사결정을 내린 후 옳고 그름을 떠난 우발적으로 내린 결정이 직관이다. 사실 어떻게 정의되는지는 그리 중요하지 않다. 무엇을 바탕으로 의사결정을 했는지가 중요하다. 탁월한 직관은 풍부한 경험에서 나온다. 또한 직관이란 여러 복잡한 상황에서 어떤 패턴을 찾아내는 능력이라 할 수 있다. 직관은 경험과 관찰을 통해 자신도 모르게 인식 패턴을 저장해둔 멘털 데이터베이스에서 나오는 것이다."

체스나 바둑은 정해진 룰과 틀에서 여러 가능성을 조합해 다음 수를 결정하기 때문에 신속한 연산이 가능한 알파고에 적합한 게임이다. 이세돌 9단은 바둑에 대한 축적된 지식과 풍부한 경험을 토대로 한 직관으로 어디에 돌을 놓을 것인가를 결정을 했다. 이런 점에서 체스나 바둑에 학습된 알파고와 같은 인공지능 컴퓨터는 인간의 직관보다 유리하다.

그러나 화재나 구급을 요하는 위급한 환자와 사고자와 같은 다양하고 급박한 상황에서 신속한 결정을 내려야 할 때가 많다. 예를 들면 화재의 양상(樣相)은 하나도 동일하지 않을 뿐 아니라 생명을 구해야 하는 경우도 많다. 또한 옆집으로 번지는 상황도 고려해야 되기 때문에 소방대 지휘관은 짧은 순간에 의사결정(직관)을 내려야 한다.

게리 클라인 연구소는 1985년 1분 1초를 다투며 생사가 달린 결정을 내리는 소방대원들에 대한 첫 번째 연구를 시작으로 미 해병대 장교, 간호사, 비행기 조종사, 군대 지휘관, 구급대원 등을 비롯한 다양한 전문가들의 연구에까지 확대했다. 이 책은 52개의 사례를 들어 직관에 관한 연구를 소개한다. 그중에는 화재에 관한 사례가 많다. 소방대 지휘관들이 내리는 직관들이 다양하기 때문이다.

클라인 연구소의 연구 목적은 사람들이 어떻게 불완전한 정보, 시간 제약, 애매모호한 목표, 변하는 상황 등 흔히 존재하는 혼란과 악조건을 감당하는지를 알아내는 것이었다. 화재에 관한 사례를 소개하면 이렇다.

주택가에 있는 단층집에 단순 화재가 발생했다. 화재가 난 곳은 집 뒤편에 있는 부엌이었다. 소방반장은 호스를 든 소방관들을 이끌고 건물 뒤로 가 물을 살포하기 시작했으나 불은 여전히 활활 타올랐다. 물을 그만큼 뿌렸으면 효과가 있어야 했다. 다시 물을 뿌려도 결과는 마찬가지였다. 대원들은 뒤로 약간 물러나 대열을 갖추었다. 바로 그때 그에게 이상한 예감이 들었다. 명확한 증후는 없었지만 그 집에 계속 있으면 안 된다는 생각이 번뜩 들었다. 그는 대원들에게 밖으로 나가라고 소리쳤다. 색다를 것 없는 평범한 건물이었지만 그의 뇌를 흔드는 예감이 있었다.

그와 대원들이 서둘러 건물 밖으로 나오자마자 그들이 서 있었던 바닥이 내려앉았다. 순식간에 일어난 일이었다. 만약 대원들이 건물 안에 있었으면 지하의 불기둥 속으로 떨어져 모두 사망했을 것이다. 소방대 지휘관은 다음과 같은 의심을 갖게 되었다.

· 그는 그 집에 지하실이 있다는 것을 몰랐다.

· 대원들을 철수시킬 때 거실 바로 밑에 있는 지하에서 화재가 났다는 사실을 몰랐다.

· 그러나 왜 불이 꺼지지 않는지 의아했다.

· 단독주택 부엌에서 난 화재치고는 거실이 너무 뜨거웠다.

· 집 안이 너무 조용했다. 화재가 나면 시끄러워진다. 특히 열기를 뿜어내는 화재는 훨씬 더 시끄럽다.

지휘관은 이러한 사실이 이상했다. 그는 자신이 무슨 일이 일어나는지 확실히 모른다는 사실을 깨달았다. 그 즉시 대원들을 건물 밖으로 철수시켰다.

이 사례는 단서가 잘 들어맞지 않는 상황을 보여줌으로써 소방관들이 익숙함과 전형성(典型性)에 얼마나 크게 의지하는가를 명확히 알려준다. 그는 자신의 경험이 중요한 역할을 했다고 자부심을 느끼게 됐지만 또 한편으로는 초능력을 사용해 어려운 상황을 이겼다고 굳게 믿고 있었다. 소방관들은 초능력을 직관의 힘이라고 믿는다.

급박한 상황에서는 여러 선택사항을 떠올리며 서로 비교 검증하거나 사고지침이나 매뉴얼을 참고할 시간적 여유가 없다. 그래서 신속한 판단이 필요할 때는 비록 최선은 아니지만 타당하다고 생각되면 첫 번째 떠오르는 선택을 실행한다.

우리는 직관의 힘으로 신속하게 상황을 가늠하고 멘털 시뮬레이션을 통해 어떻게 행동을 수행해 나가야 할지 알 수 있다. 이것은 분석적인 것과 거리가 멀다. 직관이 최적화 방식에 비해 비합리적이고 고차원적 사고를 요구한다고 여길지 모르지만, 숙련된 의사결정자는 목표를 찾아내고, 여러 정황(情況)을 바탕으로 단서를 찾으며, 미래 상황을 예측하고 결단을 내린다. 이 과정은 순간적으로 이뤄져야 한다. 그렇다고 직관이 완전하다는 것은 아니다.

직관의 한 가지 근거는 어떻게 인식하는지 모른 채 사물이나 상황을 인식하는 것이다. 어쨌든 소방관들은 경험을 통해 상황을 신속하게 인식한다는 것이다. 클라인이 주장하는 것은 직관이 경험을 통해 자란다는 것이다.

게리 클라인의 동료 연구인 베스 크랜달(Beth Crandall)은 조산아가 생명을 위협당할 정도로 감염되었을 때 간호사들이 어떻게 알아차리는지를 연구했다.

신생아 집중치료실의 간호사들은 신생아가 패혈증 증상을 보일 때, 즉 감염되었을 때를 판단하는 능력이 있었다. 심지어 체중 900g 미달의 신생아도 일단 척, 보면 언제 항생제를 주사해야 하는지 알았다. 베스는 간호사들에게 어떻게 이런 판단을 내릴 수 있는지를 물었다. "직관이죠." 또는 "경험으로 아는 거죠."라고 답만 했다. 다른 부연설명은 없었다. 베스는 간호사들이 설명할 수 없는 전문지식을 갖고 있다는 것이 홍

미로웠다. 베스는 신생아 패혈증 증상이 보여주는 패턴의 중요 리스트를 작정해 전문의들의 입증을 받았다.

클라인은 "사람들은 각자의 분야에서 경험에 의해 신속하고 효과적인 결정을 내린다."고 말했다.

2017년 12월 21일 발생한 충북 제천 대형화재가 떠오른다. 소방합동조사단(합조단) 조사 결과를 보면 29명이 숨지고 40명이 부상을 당한 화재 참사는 소방당국의 초기 대응 부실이 인명 피해를 키운 주요 원인으로 지목되었다. 합조단은 '최초 현장을 지휘하던 지휘조사팀장은 눈앞에 노출된 위험과 구조 상황에만 집중해 건물 뒤편 비상구의 존재를 확인하지 못했다'며 '2층 욕조에 많은 사람들이 있다는 사실을 인지하고도 특별한 지휘를 하지 않은 점 등을 종합해 볼 때 지휘관으로서의 책무를 제대로 수행하지 않았다'고 밝혔다. 이어 '소방서장은 도착 초기부터 2층 욕조에 많은 사람들이 있다는 것을 인지하고도 화재진압 후 주 계단쪽으로 진입하겠다는 계획을 변경하지 않는 등 지휘관으로서 전체 상황 장악에 소홀했다.' 또한 '비상구를 통한 진입이나 유리창 파괴를 지시하지 않는 등 지휘 역량이 부족했던 것으로 판단된다.'고 덧붙였다.(일간지 참고)

소방대 지휘관은 인명구조에 초점을 맞추고 화재진압을 해야 되는 사항이다. 지휘관의 직관의 힘이 얼마나 중요한가를 보여준 사건이다. 게리 클라인의 저서 『인튜이션』에서 제시한 사례가 떠오른다. 그는 "직관의 능력도 교육과 훈련에 의해 강화될 수 있다"고 한다.

나는 긴박한 상황에서 순식간에 의사결정을 내려야 하는 소방관들, 구급대원, 비행기 조종사, 의료진, 군대 지휘관들 등에 대한 직관에 관한 교육과 연구가 활발하게 이뤄지기를 관계기관이나 부처에 요망한다.

CHAPTER

[08] 관찰과 통찰력

관찰과 통찰력

평소 생활에서 나의 관찰을 실험하기 위해 우리 집 거실과 두 개의 방안에 걸어놓은 유사(類似)한 네 개의 원형 벽시계를 아내에게 부탁해 한곳에 모아 달라고 했다. 그리고 내가 이들을 다시 거실과 두 개의 방에 복귀시키는 실험을 했다. 막상 원상복구하려고 했으나 개개의 특징을 제대로 인식하지 못해 기억에 혼돈이 생겼다. 그 결과 40점 만점에 20점의 성적을 받았다. 두 개만 제대로 걸고 나머지 두 개는 원위치가 아니었다. 이는 아내가 평가한 점수다. 나는 매일같이 벽시계를 보지만 시간만 봤을 뿐 시계의 모양에는 관심이 없었던 것이다. 나는 분명히 시계를 보기는 했지만 관찰은 하지 않았던 것이다. 이것이 '보는 것'과 '관찰하는 것'의 차이이다.

우리는 대개 사물(事物)을 볼 때 무심히 본다. 그저 수동적으로 본다. 그러나 반대로 주의 깊게 적극적으로 보는 사람들이 있다. 우리는 사람들의 일상을 관찰하는 것만으로 상대방을 대충 파악하는 능력을 누구나 갖고 있다. 그러나 아무런 주의력이나 관심과 흥미를 갖지 않으면 특별한 이벤트가 있어도 무용지물이다. 우리가 흔히 천재라고 부르는 예술가, 과학자, 작가들의 특징은 관찰의 대상을 끈기와 인내를 갖고 보는 사람들이다.

일찍이 19세기 말, 현대 심리학의 원로인 윌리엄 제임스(William James)는 "방황하는 주의력을 자발적으로 계속 돌려세울 수 있는 능력이 바로 판단력과 인격, 그리고 의지력의 중요한 근간이다. 이 능력을 키우는 것이야말로 훌륭한 교육이다."라고 했다. 그런 의미에서 관찰은 의식적 사고이다.

서울대학교 인문학 교수 배철현은 저서 『심연』에서 관찰에 관해 이렇게 설명했다. "가시적으로 보는 것을 넘어 '안 보이는 것을 보는' 행위다. 우리는 자신이 보고 싶은 것만을 보도록 뇌와 눈을 훈련해왔다. 하지만 그 대상의 배후에 있는 어떤 것을 인식하기 위해서는 내가 지닌 관습과 편견의 시선을 제어해야 한다."

나는 분명히 시계를 보았으나 시침과 분침만을 본 것이다. 집 안에 명

화가 벽에 걸려 있지만 살펴보겠다는 의지가 없으면, 그 안에 숨겨진 내용을 감상할 수 없다. 보겠다는 의지가 있을 때 지각은 감정에 선택과 해석을 더하는 것이다. 예를 들면 지각은 전경과 배경을 구분하는 능력이며 대상과 그 대상의 위치를 파악하는 능력이다. 지각은 감각을 받아들이는 사람의 마음에서 일어나기 때문에 주관적이고 선택적이라고 한다.

장난기가 있는 한 고등학생에 얽힌 흥미 있는 실화를 소개한다.

어느 날 저녁 이 학생은 도서관을 청소하다가 벽에 걸린 십여 점의 그림을 유심히 보다가 이제까지 누구 하나 그림이 제자리에 있는지, 신경이나 쓰는지 궁금했다. 그리곤 그림 하나를 떼어 숨겼다. 그림이 사라진 이틀 동안 누구도 그림에 대해 한마디도 하지 않았다. 경비원만이 밤늦게 픽업트럭이 주차장을 빠져나가는 것을 보고 범죄가 의심스러워 차량 번호를 적고 조사를 의뢰했다. 행정직원들은 도서관에 생긴 변화를 전혀 알아채지 못했고, 도서관 사서는 한 주 내내 그림이 제자리에 있었다고 말했다. 사건 조사 결과가 교직원에게 통보된 후에도 그림이 사라진 사실을 인지한 사람은 아무도 없었다. 그림이 돌아오고 사흘 후에야 경찰은 차량 주인을 추적했고, 학생은 자신의 장난임을 자백했다.

이는 사서나 행정직원들에게는 도서관의 그림들은 하나의 배경일 뿐, 관찰되지도 관심을 끌지도 못했다는 것이다. 도서관의 행정직원이나 사서들이 그림이 없는 벽을 보았을 때 받아들인 시각의 감각은 빈 벽에서

반사된 빛이 있지만, 그림이 사라졌다는 지각은 일어나지 않았다.(『안목의 힘』, 토조 애첸커리·캐롤 메츠커 지음 참고)

이 사례는 우리에게 시사하는 바가 크다.

나는 여러 장의 카드를 지갑에 넣고 다닌다. 거의 매일 지갑을 꺼내 그중의 하나를 사용한다. 그러나 한 달 이상 사용하지 않는 카드도 있다. 이중 하나를 잃어버렸지만 매일같이 지갑을 꺼내면서도 자각하지 못했다. 몇 달이 지나서야 그중의 하나를 골라 사용하려고 찾을 때야 비로소 잃어버렸다는 사실을 알게 되었다.

나는 10여 년간 체육관에 운동을 하러 다닌다. 체육관 안에서 운동복을 입은 회원들의 이름은 모르지만 뒷모습이나 걸음걸이만 보고도 그가 누군가를 인식한다. 이는 주의를 기울이지 않아도 자동적으로 인식할 수 있다는 사실이다.

모든 지식은 관찰과 질문에서부터 시작한다. 어린 시절을 한번 떠올려보자. 유년 시절에는 주변에 대한 관심이 굉장히 높다. 주변의 모든 사물이 새로울 수밖에 없기 때문에 초롱초롱한 정신으로 주변의 모든 것을 신속하게 받아들인다. "왜?", "어떻게?" 등과 같은 질문들을 통해 세상을 보는 안목을 키운다. 그러나 점점 성장하면서 호기심과 흥미와 같은 관심이 사라진다.

우리는 자신의 정신에 관해 놀라울 만큼 신경을 쓰지 않는다. 아무 생각 없이 사물을 본다. 하지만 관찰할 때는 주의를 기울여야 한다. 자신의 사고과정에 대해 얼마나 등한시하고 있는지 모르고 있다. 우리도 의식적으로 시간을 들여 관찰하는 능력을 훈련하는 법을 배워야 한다. 우리에게는 그럴 능력이 있으나 그저 하려고 하지 않기 때문이다.

관찰이라고 하면 시각적 관찰이 먼저 떠오른다. 심리학자 로버트 루트번스타인(Robert Root-Bernstein)과 그의 아내 역사학자 미셸 루트번스타인(Mich´ele Root-Bernstein)의 저서 『생각의 탄생』에서는 '관찰'에 관해 이렇게 설명하고 있다.

세상에 관한 모든 지식은 처음에는 관찰을 통해 습득한다. 보고, 듣고, 만지고, 냄새 맡고, 맛을 보고, 몸으로 느끼는 것들이다. 이런 느낌과 감각을 다시 불러내거나 어떤 심상(心象)으로 만들어 머릿속에 떠올리는 능력이 바로 형상화(形象化)다. 실제로 과학자나 화가, 음악가들이 실제로 보지 못하는 것을 마음의 눈으로 보고, 아직 세상에 나온 적이 없는 노래나 음악을 들을 수 있으며, 한 번도 만진 적이 없는 어떤 것들의 질감(質感)을 느낄 수 있다.

형상화라는 것은 현상(관찰할 수 있는 사물의 모양과 상태)을 그대로 재현하는 것으로부터 특이한 추상능력, 감각적인 연상에 이르기까지 망라한다. 형상화는 시각과 청각은 물론, 후각과 미각, 몸의 감각까지 동원해서 이루어지기 때문에 내면의 눈, 내면의 귀, 내면의 코, 내면의 촉감과 몸

감각을 사용할 구실(일)과 기회를 만들어야 한다. 또한 형상화할 때 마음에 떠오르는 모든 이미지들은 다른 전달수단으로 변환할 수 있어야 하는데, 그 전달수단은 말과 글, 음악, 동작, 모형, 회화, 도형, 영화, 조각 등 매우 다양하다.

그런데 이 감각적 경험과 감각적 형상은 너무 많고 복잡하기 때문에 창조적인 사람들은 필수적인 생각 구도로서 추상화를 활용한다. 피카소 같은 화가건 아인슈타인 같은 과학자건 헤밍웨이 같은 작가건 간에 그들은 복잡한 사물들을 단순한 몇 가지 원칙들로 줄여나가는데, 추상화는 바로 이것을 일컫는다. 나는 '복잡한 것들을 단순화하는 능력을 통찰력'이라고 한다.

시인이며 예술비평가이자 애호가였던 허버트 리드(Herbert Read)는 관찰이 후천적으로 습득할 수 있는 기술이라고 쓰고 있다. 그의 말에 따르면 원래 집중력이 뛰어난 사람, 선천적으로 관찰한 것을 잘 그려낼 수 있는 사람은 따로 있지만(천재들) 대부분의 경우는 눈이나 다른 감각기관은 훈련될 수 있다는 것이다.

근래의 화가들은 그림을 그리는 재능과 관찰력이 불가분의 관계가 있다는 것을 알고 있다. 나는 그림을 그리는 재능과 관찰력이 뛰어난 사람들이 창의적 화가가 될 수 있다고 생각한다.

글쓰기에도 예리한 관찰의 기술이 요구된다. 소설가인 서머싯 몸(Somerset Maugham)은 "사람을 끊임없이 탐구하는 것은 작가의 필수적인 자세다."라고 했는데, 그 말은 사람의 외관뿐만 아니라 대화, 행동까지 관찰해야 한다는 뜻이다. 그는 "간접적으로 전해지는 얘기도 몇 시간 동안 들어줄 수 있어야 무심결에 새어 나오는 중요한 단서를 포착해낼 수 있다."고 술회하고 있다. 작가들에게 관찰력이 얼마나 중요한가는 새삼스럽게 말할 필요가 없다.

관찰은 과학에서도 가장 기본적인 것이다. 어떤 사물이든지 매우 주의 깊고 세밀하게 보는 화가 조지아 오키프(Georgia O'keeffe)와 마찬가지로 다수의 과학자들도 관찰력의 비결은 시간과 참을성에 있다고 믿었다. 곤충학자 칼 폰 프리시(Karl von Frisch)는 자신의 관찰능력이란 것이 대단한 것은 아니고 단지 움직이지 않고 돌 틈에 몇 시간 동안 누운 채로 생물을 끈질기게 주시하는 힘일 뿐이라고 말한다. 그의 말에 따르면 행인들이 무신경하게 못 보고 지나가는 순간, 세계는 참을성 많은 관찰자에게 그 놀라운 모습을 드러낸다고 한다. 그러나 단순히 참을성 있게 보는 것만으로 끝나는 것은 아니다. 무엇을 보는지, 무엇을 찾으려고 하는지가 중요하다는 것이다.

현재 캘리포니아 대학의 생물학과 교수인 제라트 버메이(Geerat Vermeij)는 아주 어렸을 때 시력을 상실했으나 나머지 감각에 의지하며 살아야 했다. "전에는 그냥 무시해버렸던 것들이 이제는 특별한 의미를 갖게 되었다. 내 세계가 컴컴하거나 희망이 없는 것은 아니었다. 전과 다름없이 찬란했다. 단지 소리, 냄새, 형상의 요철(凹凸)이나 질감으로 느끼는 것이 달랐을 뿐이었다. 눈으로는 볼 수 없지만 남은 모든 감각기관이 협력해 더할 나위 없이 생생한 세계의 모습을 나에게 보여주었다"라고 그는 말한다. 그는 남아프리카, 남태평양의 해안을 자주 찾아다니며 그 분야의 혁신적 연구로 세계적인 명성을 얻고 있다.

처음부터 버메이는 눈으로 보는 대신에 손으로 만져서 관찰했다. 그런데 그의 말에 따르면 조개 정도의 크기라면 손을 이용한 관찰이 아주 적합하다는 것이다. 그는 시각으로는 얻을 수 없는 통찰을 촉각을 이용해 얻고 있었다.

이런 사례들은 우리가 단 한 가지 감각에만 의지해서 관찰하면 안 된다는 것을 경고한다.

『생각의 탄생』의 저자는 관찰하기 위해서는 눈, 귀, 코, 손을 훈련시키듯 마음을 훈련해야 한다고 한다. 나는 한 가지 감각에만 의지하는 것보다 나머지 다른 감각기관과 협력하여 얻는 관찰이 가장 바람직하다고 생각한다. 우리는 다른 감각기관과 연계하는 훈련과 연습이 필요하다는 것을 간과해서는 안 된다.

추리작가 아서 코난 도일(Arthur Conan Doyle)은 미술이 관찰기술을 숙

달시킨다는 가설을 내세우고 있다. 주인공인 셜록 홈스가 자신의 뛰어난 추리력이 화가 집안 출신의 할머니에게서 연유했다고 설명하는 것이 바로 그런 점이다.

하버드대 심리학자 마리아 코니코바(Maria Konnikova)는 저서 『생각의 재구성(Master Mind)』에서 아서 코난 도일(Arthur Conan Doyle)의 저서에 등장하는 셜록 홈스의 사고과정을 현대 신경과학과 심리학을 바탕으로 분석하며 그의 뛰어난 사고능력을 활용할 것을 제안한다.

코니코바는 셜록 홈스를 창작해낸 코난 도일과 셜록 홈스의 모델인 외과의사 조셉 벨이 실존 인물이라는 사실을 강조한다. 셜록 홈스는 허구의 인물이지만 그의 철저한 사고방식은 과학적 방법에서 탄생했다는 것이다. 셜록 홈스는 이미 100년 전 사고의 혁명을 보여준 최고의 심리학자이며 그의 사고방식은 코난 도일이 살았던 시대만큼이나 우리 시대에도 막강한 위력을 발휘하는 방법이라고 말한다.

코니코바는 홈스가 한눈에 순간적으로 관찰한 섬세한 정보들을 토대로 어떻게 핵심을 꿰뚫어보는 통찰력을 발휘하는가를 설명한다. 이 통찰력은 바로 앞에서 설명한 직관에서 비롯된 것이라고 나는 생각한다. 셜록 홈스의 예화 일부를 소개하면 이렇다.

명탐정 셜록 홈스가 왓슨을 만나자 마자, 홈스는 "보아하니 아프가니스탄에 있다 왔군."이라며 확신에 차서 말한다. 왓슨은 "도대체 어떻게 알았나?"고 묻는다. 왓슨은 홈스가 자신을 한번 보고 군의관이었다는 사실까지 알아낸다는 것은 불가능하다고 생각한다. 하지만 홈스는 "전혀 그렇지 않다."며 그것이 전적으로 가능하다며 이렇게 말한다.

"나는 왓슨이 아프가니스탄에서 왔다는 걸 알았어. 오랜 습관으로 일련의 생각들이 순식간에 머릿속을 통과하기 때문에 중간 단계는 의식조차 못한 채 결론에 이르렀다. 물론 추론의 과정은 이렇게 진행되었다."며 홈스는 그 과정을 이렇게 설명한다.

"왓슨은 의료계에 종사할 것 같은 신사인데 왠지 군인의 분위기를 풍긴다. 그렇다면 군의관이겠지. 얼굴은 검지만 손목은 검지 않은 걸로 봐서 원래 피부색은 아니고, 그렇다면 열대지방에서 돌아온 지 얼마 안 되었고. 상한 얼굴을 보니 고생도 하고 병치레도 했던 모양이군. 왼쪽 팔은 부상을 당했던 게야. 왼팔의 움직임이 뻣뻣하고 부자연스러워. 열대지방 중 영국 군의관이 부상을 당하고 심한 고생을 할 만한 곳이 어디일까? 아마 아프가니스탄이겠지."

이런 생각들이 머릿속을 통과하는 데엔 1초도 걸리지 않는다. 그런 후에 아프가니스탄에서 돌아온 모양이라고 말한 것이고 왓슨은 이에 깜짝 놀랐던 것이다. 관찰을 통해서 어떤 과정을 거쳐 통찰에 이르는가를 설명하는 좋은 예다.

홈스는 관찰을 통해서 수집한 정보들을 추론하는 과정에서 섬광처럼 떠오른 통찰력을 발휘해서 '왓슨이 아프가니스탄에서 귀국했다'는 사실을 확신할 수 있었다.

저자 코니코바는 홈스가 새로운 동료 왓슨의 삶을 한눈에 알아봤을 때와 같은 관찰은, 일반적으로 생각하는 관찰보다 더 많은 과정을 포함한다고 말한다.

신중하게 선택하는 것은 선별적으로 고른다는 뜻이다. 그저 보기만 하는 것이 아니라 적절하게, 진정으로 생각하며 보는 것이다. 추측이 아닌 철저한 관찰과 사실에 기반을 둔 요소(要素)들을 활용한다. 관찰한 사실들은 자신이 가진 지식 기반과 융합해서 추론해본다. 추론은 결론으로 이어지는 요소들만 파악하고 나면 모든 게 너무나 간단한다. 홈스에게 추론은 결론에 이를 수 있는 한 가지 방법이다. 이 모든 것은 바로 '주의 집중'에 달려 있다는 것이다.

비즈니스에 있어서도 관찰과 통찰은 사업의 성패를 결정하는 중요한 과제다.

세계적인 디자인컨설팅 회사 frog의 최고책임연구원 얀 칩체이스(Jan Chipchase)와 디지털 크리에이티브 에이전시인 JESS3의 편집부장인 사이먼 슈타인하트(Simon Steinhardt)의 공저 『관찰의 힘』에서 저자 칩체이스의 진술을 눈여겨볼 필요가 있다.

칩체이스는 세상을 좀 더 다채롭고 온전히 이해하기 위해 사소한 것에서 진정한 현실을 찾아내서 그 저변을 파헤친다고 한다. 그는 세계 각국을 여행하며 각 나라의 문화와 생활상을 통하여 수집하고 종합한 정보들을 기업들에게 판매한다. 기업들이 구매의 동기를 발견하게 되면 그들은 기꺼이 많은 비용을 지불한다는 것이다.

문화나 생활방식과 습성이 다른 사람들이 원하는 것이 무엇인지 이해하기 위한 가장 효과적인 방법은 관찰하고, 기록하고, 직접 질문하는 것이다. 물론 사람들은 좀 더 멋있게 보이고 싶어서 거짓으로 대답을 하는 경우가 많다. 하지만 그 자체가 그들이 꿈꾸는 사회적 지위에 대한 열망의 표현이라는 것을 기억하자. 가끔은 거짓말이 진실을 밝혀준다. 사용자 경험을 조사할 때는 사람들이 분명하게 드러내고 싶어 하는 긍정적 특성과 피하거나 숨기려는 부정적 특성을 알아내는 것이 매우 중요하다.

칩체이스는 자유롭게 일을 하면서도 수많은 성과를 올린다. 전 세계를 여행하며 관찰하여 얻은 통찰력으로 스스로 25개의 특허를 출원했고, 노키아에서 근무하던 시절 "향후 10년 동안 나올 노키아 제품은 모두 칩체이스의 눈에서 나온다."라는 평가를 받았다. 이 모든 것을 저자 스스로는 '관찰의 힘'이라고 말한다. 가장 획기적이고 필요로 하는 혁신은 가장 흔히 사용하고 많이 접하는 우리 주변에서 나오는 법이며, 이를 위해 '관찰하고, 기록하고, 직접 설문하라'고 조언한다.

그는 아프가니스탄에서 인도, 나이지리아, 인도네시아에 이르기까지 전 세계에 걸쳐 물건을 고쳐 쓰는 문화가 진화하는 모습을 목격했다. 사람들은 매우 복잡한 과학기술의 경우에도 수리에 필요한 지식과 기능,

그리고 정보 인식 능력을 습득하고자 한다. 이는 그 지역 주민들의 기술에 대한 이해와 관심이 다른 사람들보다 더 커서 그런 것은 아니다. 단지 기술과 다양한 사용 방법을 이해해야 할 필요성이 다른 사람들보다 더 크다는 뜻이다. 그 저변을 파헤쳐보면 그것이 생존에 필요한 도구이기 때문이라는 사실을 알 수 있다. 이렇게 기술의 기저(基底) 속성을 이해하고자 하는 수준 높은 정보 인식 능력과 지식과 열망 덕택에, 본래의 디자이너가 의도한 형태와는 사뭇 다른 사용 유형과 새로운 비즈니스의 중대한 기회를 발견할 수 있게 된다.

똑똑한 상인들은 명품을 열망하는 사람들에게 예산에 맞는 가격 내에서 제공함으로써 대중 명품, 즉 매스티지(masstige)를 창조하는 방법을 찾아낸다. 진입장벽을 낮춘 제품을 개발해 새로운 시장을 만드는 동기부여가 되는 것이다. 세상에 나와 있는 실제 페라리(Ferrari) 자동차의 숫자와 비교해서 페라리 키홀더가 얼마나 많은지 생각해보면 이해하기 쉬울 것이다. 이와 같은 현상은 중상층들에게 명품의 구매를 부채질하는 동기가 된다. 여기서 'masstige'는 '대중(mass)'과 '명품(prestige product)'을 뜻하는 단어를 조합한 신조어이다. 이는 소득 수준이 높아진 중산층 소비자들이 비교적 값이 저렴하면서도 감성적 만족을 얻을 수 있는 고급품을 소비하는 경향을 말한다.

우리나라가 현재와 같은 과학기술의 선진화를 이룬 과정도 이와 다를 바 없다. 1950년대만 해도 남대문과 동대문이나 세운상가 등에서 거래하고 있던 전기전자제품들은 미국, 일본, 독일 등에서 수입했거나 밀수로 들어온 것이거나 미 군수품들이 대부분이었다. 심지어는 세운상가에 가면 원자탄도 구입할 수 있다는 소문이 날 정도로 각종 전기전자제품들이 있었다.

세운상가에는 재능 있는 우수한 기술자들이 각종 전기전자제품들을 조립하고 수리했다. 그들은 수리하는 제품들을 주의 깊게 관찰하고 분해해서 회로도를 복원하고 이를 참고해서 조립하기도 했다. 나도 트랜지스터 녹음기와 라디오를 수리 받은 기억이 난다.

당시 우리나라 전기전자 기업들이 생산하는 제품들은 선풍기, 라디오, 음향기와 같은 가전제품 기기에 불과했다. 그러나 외국 제품을 수리하면서 관찰하고 모방한 기술로부터 시작해서 오늘에 이르렀다. 관찰은 기술을 통찰하고 창의하는 원동력이라고 할 수 있다.

우리나라 식음료 업계도 해외 진출이 활발해지고 있다. 식음료 업계의 해외 진출 확장을 위해서는 각 나라 문화와 전통, 각 지역의 풍속과 식성의 특성을 주의 깊게 관찰해야 한다. 그들의 생활 속에 파고들어 가 그들의 입맛을 직접 경험하고 그들의 선호도를 확인하는 것이 중요하다. 관찰한 자료를 토대로 기존 국내 제품을 기반으로 한 현지인들의 입맛에 맞는 제품을 개발하는 것이다.

우리나라 식음료 제품의 해외 진출 성공사례를 일간지 기사에서 찾아보았다.

CJ 제일제당 냉동마케팅 상무 최자은은 "제품만 잘 만들면 모두에게 맛있을 것이라는 생각은 제조업자 위주의 태도"라며 "현지 전략이 없으면 장기적 식문화로 자리 잡지 못하기 때문에 비비고 플랫폼을 기반으로 제품 종류를 더 확장할 계획"이라고 설명했다.

미국 대형마트를 가면 CJ 제일제당의 '비비고 만두'를 쉽게 볼 수 있다. 가장 인기 있는 제품은 치킨과 고수를 넣은 완탕과 미니 사이즈의 치킨 찐만두인데 한국엔 없는 종류다. 닭고기를 즐겨 먹는 미국인 입맛을 반영해 돼지고기 대신 닭고기를 넣었고, 미국인에게 생소한 부추 대신 고수를 사용했다. 두 제품이 매출을 끌어 올리면서 비비고 만두는 지난해 미국에서 연 매출 1,770억 원, 시장점유율 12%를 넘어섰다. 2016년, 25년 동안 미국 만두 시장 1위를 지켰던 중국 브랜드 '링링'을 제친 뒤 2년 연속 1위라고 한다.

오리온은 지난해 9월 베트남에서 '초코파이 다크'를 출시했다. 초코파이를 제사상에 올릴 정도로 고급 먹거리로 여기는 베트남에선 진한 초콜릿 맛을 선호하는 소비자가 많다. 그래서 빵에도 카카오를 넣었다. 오리온 관계자는 "대도시 위주에서 메콩 강 인근 등 중소 지역까지 판매를 확대하기 위해 베트남 법인에서 개발했다"고 한다.

대부분의 사람들은 처음부터 자기가 '원하는 일', '하고 싶은 일', '잘하는 일', '재능 있는 일'을 한 것은 아니다. 오늘날처럼 취업이 어려운 시대는 대부분의 사람들이 평범한 월급쟁이부터 시작한다. 그러나 꿈과 비전을 갖은 사람들은 주어진 일을 열심히 하며 시대의 흐름과 미래의 전망에 관심을 갖고 주의 깊게 관찰한다. 지금 하는 일이 비록 마음에 맞지 않지만 주어진 일에서 삶의 의미를 찾을 수도 있고 경험을 쌓는 기회가 될 수 있다는 긍정적인 마음을 갖기 바란다.

자수성가를 이룬 대부분의 사람들은 평범한 가정이나 어려운 가정에서 태어났다. 그들의 공통점은 현실에 안주하지 않고 시대의 흐름을 관찰하고 기회를 노린다는 점이다. 꿈과 비전을 갖고 시대의 흐름을 주의 깊게 관찰하는 사람들에게는 우연한 기회에 아이디어가 섬광처럼 떠오른다. 이와 같은 직관적 통찰력을 실행한 사람들이 자수성가한 부자다. 그들은 새로운 가치를 창조할 수 있는 목표나 기회가 주어지면 실패를 두려워하지 않고 과감하게 결단을 내리고 곧바로 실행한다.

오세영 코라오그룹 회장은 유일하게 해외에서 기업을 창업해서 천억원대의 부자가 되었다. 그는 한국의 400대 부자 중 200위에 오른 자수성가 부자다. 그는 대학을 졸업하고 옛 코오롱상사에 입사해 무역 부서를 지원해 유럽과 베트남에서 근무하며 해외 경험을 쌓았다.

1990년대만 해도 한국에서 대학을 졸업하고 동남아시아로 돈을 벌기 위해 떠나는 청년이 드물었다. 당시 그는 베트남이 기회의 땅이라고 생각하고 과감하게 사표를 내고 베트남으로 떠나 사업을 시작했으나 실패했다. 그러다 캄보디아와 미얀마를 거쳐 1997년에 라오스로 건너갔다. 이곳에서 재기의 기회를 찾았다. 라오스에는 일본 차만 수두룩했다. 그는 가격이 상대적으로 싼 한국 중고차를 들여오면 승산이 있겠다는 통찰을 내리자, 즉시 중고차 5대를 라오스에 수입하고 코라오(Korao)라는 회사를 창립했다. 코라오는 코리아(Korea)와 라오스(Laos)를 합성한 것이다.

오세영은 당시 라오스에서 10여년 된 일본 차가 2만 달러에 팔릴 때 1만5천 달러에 한국 차를 들여왔다. 인구가 적은 라오스의 내수시장이 작다고 다국적 기업들이 진출하지 않아 사업성이 있었다. 지금은 한국에서 자동차 부품을 가져와 현지 공장에서 조립해 판매했고 오토바이 사업에도 진출했다.

그가 청년 사업가로 성공한 것은 아무도 생각하지 못한 길에 먼저 들어섰기 때문이다. 아무도 눈여겨보지 않던 저개발 국가에 사업 기회가 있다고 보고 과감하게 행동으로 옮긴 그의 도전이 자신을 자수성가 부자 대열에 올렸다.

카카오를 창립한 김범수 다음카카오 이사회 의장은 정보기술(IT)을 적용한 게임을 시작했다. 그러나 PC 시대에서 모바일 시대로 급변하는 흐름을 관찰하고 카카오토를 개발하고 보급하여 누구나 쉽고 편하게 이용할 수 있는 혁신적인 통신수단을 개발했다. 밑바닥에서 바이오 혁신을 이룬 서정신 셀트리온 회장, 맨손으로 금융 그룹을 일군 박혁주 미래에셋그룹 회장 등은 수조 원대 거부들이다. 그들은 대학 졸업 후 평범한 월급쟁이부터 시작한 사람들이다. 그러나 대중들의 취향과 호기심이 무엇이며, 사업의 미래 전망을 관찰하고 통찰하여 스스로 창업해 열정과 끈기 있는 그릿 정신을 갖고 역경을 굴복하고 지금의 부를 이룬 사람들이다. 재벌닷컴(chaebul.com)이 선정한 대한민국의 400대 부자 중에서 자수성가한 부자는 모두 148명이라고 한다.

나는 위에서 통찰력이라는 단어를 자주 사용했다. 이제 통찰의 의미를 생각해보려고 한다. 사전적 의미에 따르면, 통찰(洞察)은 '사물을 훤히 꿰뚫어보는 것'이다. 통찰력(洞察力)은 '사물(事物)을 통찰하는 능력'이다. 관찰(觀察)이 '사물이나 현상의 겉모습을 주의 깊게 살펴보거나 자신을 주의 깊게 살피는 행위'라고 한다면, 통찰은 '관찰할 사물이나 현상 안에 숨겨진 본질을 꿰뚫어보거나 혹은 자신의 속마음을 들여다보는 행위'다.

성공한 기업을 경영하는 책임자(CEO)는 통찰력이 뛰어난 사람들이다. 성공한 기업의 책임자가 현재의 성장에 안주하고 미래의 흐름을 계속 관찰하고 통찰하지 못하면 실패에 이른다. 그 예들을 소개하면 이렇다.

핀란드에 본사를 둔 노키아(Nokia)는 휴대전화의 전망을 통찰하고 휴대전화 사업에 뛰어들어 2011년까지 휴대전화 분야에서 시장점유율 1

위인 기업으로 성장했다. 그러나 스마트폰과 태블릿 PC 등 모바일 중심으로 흘러가는 휴대전화 시장을 제대로 파악하지 못해 삼성전자에 1위 자리를 내주었으며 애플과 LG전자에 추격당하자 매출이 하락했다. 그 결과 2013년 9월 2일 결국 노키아는 휴대전화 사업 부문을 미국의 마이크로소프트에 매각하게 되었다.

125년의 역사를 가진 코닥은 아날로그 필름과 카메라를 생산하는 세계적인 기업이었다. 그러나 아날로그에서 디지털로 변하는 전망을 통찰하고 대체하지 못한 결과, 코닥은 2012년 미국 법원에 파산보호를 신청했다.

통찰에 대한 정의는 작가에 따라 여러 가지로 표현하고 있다. 19세기 독일의 전쟁 역사가이며 『전쟁론』의 저자인 카를 클라우제비츠(Carl Clausewitz)는 전략을 세우는 재능은 곧 '한눈에 전체를 파악하는 것'이라고 했다. 나는 이와 같은 능력을 직관적 통찰력이라고 생각한다.

소방관, 의사, 간호사, 주식 매매인(딜러), 경찰, 법률가, 군대 지휘관, 기업의 경영자(CEO) 등과 같은 전문가들은 각자의 분야에서 축적한 지식과 경험을 활용해 신속하고 효율적인 직관적 결정을 자주 내려야 한다. 즉 이들은 직관적 통찰력을 활용한다. 직관에 관해서는 이미 제7장 〈선택과 직관〉에서 상세히 설명을 했다. 참고하기 바란다.

CHAPTER

[09] 사랑의 혁명

사랑의 혁명

사랑하는 동안에만 용서할 수 있다.
용서하는 것은 가장 고결하고 가장 아름다운 사랑의 형태,
용서는 이 세상에서 듣지 못할 평화와 행복을 그 보답으로 주나니……
—로버트 뮬러

우리는 가장 귀중한 세 가지 단어에 인색하다. '사랑해', '미안해', 그리고 '용서해'이다. 돈이 드는 것도 아닌데, 돈보다 훨씬 귀한 보배의 말을 잊고 산다.

우리는 어색하다는 이유로 이 세 단어가 가족 간에도 익숙하지 않다.

이 세상에서 가장 소중하고 사랑스러운 부모, 아내, 아들딸, 형제자매에게 세 단어에 인색했음을 후회한다. 그것을 알았으면, 지금 당장 실천해 보는 것이 어떤지?

나는 손자손녀에게 무슨 이야기를 했건 간에 전화 통화 끝에는 늘 사랑한다는 말로 끝을 맺는다. 그런데 내 딸에게는 메일을 보낼 때 서두에 '사랑하는 딸에게'라고 서슴없이 쓰면서도 전화 통화 중에는 "사랑한다"는 말이 어딘지 어색하다. 아마도 '사랑'이라는 단어가 어색해서 혹은 자연스럽지 않아서 표현을 잘 하지 않는 것 같다. 내 기억에 아버지나 어머니가 서로 "사랑한다"고 말씀하시는 것을 들어본 적이 전혀 없다. '눈빛만 봐도 서로 사랑한다는 것을 알 수 있는데, 굳이 간지럽게 표현해야 하나' 하는 문화적 환경에서 살아서인지 우리 부부도 사랑이라는 표현에 자연스럽지 않다. 그러나 부부간에 편지를 하거나 결혼기념일이나 생일기념일에 선물을 전할 때 카드나 메모를 전할 때는 '사랑하는 아내' 또는 '사랑하는 남편에게'라고 자연스럽게 쓴다.

사랑이 없는 삶은 아무런 의미가 없다. 사랑이 없으면 행복, 용기, 희망, 즐거움도 없다. 인간은 사랑 없이 살 수 없는 사회적 동물이다. 사랑은 초자연적인 힘을 가지고 있다. 신약성경 고린도 전서 13장에 나오는 '사랑의 구절'이 있다. 여기서 사도 바울은 "사랑이란 오래 참고. 온유한 것이며, 시기하지 않고, 자랑하지 않으며, 교만하지 않고, 무례하지 않고, 성내지 않는다."고 말한다. 이 구절은 이렇게 끝난다. "믿음, 소망, 사랑, 이 세 가지는 항상 있을 것인데 그중의 제일은 사랑이다." 이 구절만큼 사랑의 속성을 잘 표현한 말도 없을 것 같다. 이와 같은 이타적 사랑을 '아가페(agape)'라고 한다. 아가페 사랑의 구성을 살펴보면 그 근간은 인내, 다정, 겸손, 배려, 나눔, 연민이다. 이 요소들이 주어진 사항에 따라 조화(調和)를 이룰 때 진정한 사랑이다. 나도 주례사에서 '사랑의 구절'을 자주 인용했다. 즉 아가페 사랑을 강조한 것이다.

『진정한 행복』의 저자 볼프 슈나이더는 이렇게 쓰고 있다.

"성적 쾌락도 행복 인자라는 사실, 즉 형태는 다르지만 때에 따라 훨씬 강한 행복의 인자라는 사실을 끈질기게 부인하는 사람은 고루한 신학자들뿐이다. 육과 영의 쾌락이 어우러진 사랑, 이것을 많은 사람들이 행복의 최고 개념으로 여긴다. 이탈리아에서는 이런 말이 있다. 침대는 가난한 사람들의 오페라다."

이와 같은 이기적 사랑을 '에로스(eros)' 라고 한다. 흔히 우리는 사랑을 에로스와 아가페로 분류하기도 한다.

오늘날 '사랑' 하면 '남녀'의 사랑을 떠올리며 아가페와는 거리가 먼 에로스를 상상한다. 대부분의 사랑에 관한 책들은 남녀 간의 사랑에 관한 내용들이다.

고대 그리스인들은 사랑을 세 가지 유형으로 구분했다. 가족 간의 사랑은 스토르게(storge), 친구 간의 사랑인 우정은 필리아(philia), 그리고 사심 없는 사랑은 아가페이다. 물론 이기적인 사랑 에로스도 있다. 플라톤적인 사랑으로, 관능적·육체적 욕망을 초월한 정신적 사랑, '플라토닉 러브'(platonic love)도 있다.

나는, 사랑은 자신을 진정으로 사랑하는 마음으로부터 시작한다고 생각한다. 누구나 자신이 밉고 싫을 때가 있다. 실패를 느낄 때 더욱 그렇다. 자신의 일이 잘 풀리지 않고 자신이 없기 때문일 것이다. 자신이 없는 사람은, 자기를 믿고 사랑하지 못하는 사람이다. 자신의 결점을 누구보다 잘 알기 때문에 칭찬하고 사랑하지 못한다. 결점 없는 사람은 아무도 없다는 것을 알면서도 자기 자신의 부족함엔 불만이 많아 사랑하지 못한다. 이와 같은 생각은 바보 같은 생각이다. 자기를 사랑하고 신뢰할 때 자신(自信)이 생긴다. 자신을 충분히 사랑할 수 있어야 타인을 충분히 사랑할 수 있게 된다. 자기 자신도 사랑하지 못하는 사람을 누가 사랑하겠는가?

나 자신을 사랑하지 못하면, 어느 누구도 나를 사랑하지 않을 거라는 절박한 심정으로 자신을 사랑하라. 세상은 자신을 사랑하는 마음으로부터 시작한다는 것을 믿고 자신을 사랑하는 훈련을 하자. 사랑은 인생의 원동력이자 자양분이다. 사랑하는 것은 사랑받는 것보다 더 행복하다.

하버드대학교 의과대학 교수인 조지 베일런트(George E. Vaillant)는 '건강한 인간의 전 생애에 걸친 전향적(前向的) 연구'로서 세계적인 권위를 지닌 '하버드대학교 성인발달 연구'를 무려 43년간 이끌어온 총책임자다. 그는 그의 저서 『행복의 비밀』에 이렇게 썼다.

"성공적인 삶에 가장 큰 영향을 미치는 것은 사랑이다. 어렸을 때 받은 사랑은 훗날의 사랑뿐만 아니라 성공을 나타내주는 또 다른 것들, 이를테면 명성이나 높은 수입을 쉽게 얻게 해준다. 성공한 대부분의 사람들은 30년 전에 진정한 사랑을 찾았고 그 덕분에 성공할 수 있었다."

그는 성공적이고 행복한 삶의 비결은 생물학적 요인인 유전자도 아니었고, 사회적 특권도, 심지어, IQ도 아니었다. 간단히 말해서, "행복은 사랑에서 비롯된다." 우리가 잊고 있는 사랑이 삶에 얼마나 소중한가를 일깨우고 있다.

러시아 태생의 미국 문예비평가 미하일 엡스타인은 "사랑은 완벽한 감정이라 여러 요소로 나누면 모독하는 것처럼 보일 수 있다. 사랑의 사명은 두 존재를 하나로 결합하는 것이다. 그렇기 때문에 사랑이 무엇으로 구성되는지를 이해하고, 이 구성요소들 중 하나를 사랑이라고 착각하지 않아야 한다."고 밝혔다.

그는 사랑의 가장 중요한 다섯 가지 요소를 선정했다. 그것은 욕망, 영감, 고통, 다정, 연민이다. 이를 '사랑의 다섯 가지 얼굴'이라고 한다.

이 다섯 가지 요소 중 어느 것이 더 중요하다고 말할 수는 없다. 이중 어느 요소가 사랑에 빠지는 열쇠가 될지도 예견할 수 없다. 흔히 남성은 욕망으로 사랑에 빠지고 여성은 연민으로 사랑에 빠진다고 한다. 영감이나 다정함에 이끌려 사랑에 빠지는 사람들도 있다. 사랑의 어떤 면 때문에 사랑에 빠지든 욕망과 영감, 고통, 다정, 연민이 결합되었을 때만 사랑이 될 수 있다. 나는 진부하고 산술적인 방식으로 내 삶의 신조를 정했다. 그것은 "사랑을 자라게 하는 것은 모두 좋고, 사랑을 파괴하는 것은 모두 나쁘다."는 것이다.

미하일 엡스타인은 사랑의 특징을 모성애의 예화로 설명한다.

어린 소년이 엄마에게 '전부(at all)' 사랑한다고 말했다. 엄마는 '전부'가 아니라 '아주 많이'라고 고쳐주었다. 그러자 아이는 말했다. "아니야, 전부야. 나는 장난감 말과 장난감 자동차를 '아주 많이' 사랑하지만 엄마는 '전부' 사랑해." 그제야 엄마는 아이가 자신의 '전부(at all)'를 사랑한다는 말임을 알았다. 아이는 엄마의 모든 것을 사랑한다. 이것이 사랑의 가장 중요한 특징이다.

인간은 사회적 동물이다. 사회적 공동체 속에서 서로 정신적으로, 물질적으로 교환하고 나누며 서로 협력하고 사랑을 나누고 산다. 공동체의 최소 단위는 가정이다. 그러나 과학기술이 발전하고 자본주의가 성장하면서 빈부격차가 심화되고 사람들의 갈등이 심화되고 있다. 이런 의미에서 미래가 불투명한 4차 산업혁명이 과연 행복하게 해줄 수 있을까 하는 의구심이 생긴다.

과학기술은 점점 발전한다. 어려운 사람들은 점점 더 힘들고, 취업의 자리마저 인공지능에 빼앗기고 있다. 가정의 소중함이 점점 사라지면서 결혼이나 출산을 피하고 혼자 사는 젊은이가 늘고 있다는 것은 사회적으로 어두운 그림자이다.

현 사회는 과거 어느 시대보다도 아가페 사랑이 절실히 필요한 시대이다. 주관적인 에로스 사랑도 중요하지만 사회공동체의 화목을 위해서는 남을 배려하고 나누며 사는 이타적 사랑인 아가페 사랑이 필요하다.

몇 해 전에 상영한 영화 〈울지 마 톤즈〉가 떠오른다. 이 영화는 '고(故) 이태석 신부의 삶'을 다룬 실화 다큐멘터리이다. 주인공 신부가 보여준 사랑이 곧 아가페 사랑이다. 나는 영화 〈울지 마 톤즈〉를 관람하고 느낀 감명을 '이태석 신부의 사랑'이라는 제목으로 글을 썼다.

이태석 신부의 사랑

나의 믿음은 위선인가? 그리스도인은 예수님 닮기를 원한다고 기도한다. 예수님을 닮는 것이 영생의 길이고 구원의 길이기에 그렇게 기도한다. 나도 가끔 이와 같은 기도를 하면서도 진정 그러한 생활을 원하고 있는지 스스로 자문하고 자성해본다. 나의 믿음으로는 도저히 감당할 수 없는 어렵고 험난한 길이기에 속사람과는 다르다는 것을 고백하지 않을 수 없다.

목사나 장로가 돌잔치를 하는 신도 집에 가서 축사 기도를 할 때 "이 아이가 예수님을 닮게 하여 주십시오."라고 할 수 있을까? 결혼식에 참석해서 주례사를 하면서 "신랑, 신부가 예수님과 같이 살도록 기원한다."라고 할 수 있을까? 예수님을 믿는 부모라도 아들딸이 그렇게 살기를 원하지 않을 것 같다. 내 자식만은 성공하고 출세하게 해달라고 기도할 것 같다. 우리는 남의 자식은 몰라도 내 자식만큼은 예수님처럼 살까 봐 두려워하는지도 모르겠다.

이태석 신부의 어머니는 부산 자갈치시장에서 삯바느질을 하며 10남매를 키웠다. 그는 9번째 자식이었다. 그는 부산의 비탈진 산동네에서 자랐고 동네 성당이 유일한 놀이터였다고 한다. 그는 초등학교 시절 성당에서 다미안 신부(1840~1889)의 일대기를 다룬 영화를 보고 그와 같은 삶을 살겠다고 다짐했다. 벨기에 출신인 다미안은 하와이 몰로카이 섬에서 한센병 환자들을 위해 헌신한 가톨릭 신부이다. 그 자신도 한센병에 걸려 49세로 선종했고, 지난해 성인 반열에 올랐다.

이태석 신부의 어머니는 10남매 중에 이미 신부가 된 아들도, 수녀가 된 딸도 있었으니 막내아들만은 신부가 되지 않기를 원했다. 아들을 의

사로 만들어 집안의 기둥으로 삼고자 했다. 그런 막내아들이 의대를 졸업하고 의사가 된 후에 사제가 되겠다는 뜻을 밝혔을 때, 아마도 하늘이 무너질 것 같은 심정이었을 것이다. 그때 어머니는 "남의 아들은 신부로 가면 다 훌륭하고 거룩해 보이던데, 왜 내 자식은 몇 명이나 데려가시냐?" 고 반문을 하며 눈물을 흘리며 반대하셨다고 한다. 그는 "어머니께 효도도 못하고 도와 드리지도 못해 미안합니다. 그런데 하느님께 자꾸 끌리는 걸 어떻게 합니까?"라며 울면서 대답을 했다. 그리고 뒤늦게 광주가톨릭대학에 진학했다.

그는 신학교를 졸업한 후 2001년, 로마 교황청에서 사제 서품을 받고 자청해서 아프리카 수단으로 갔다. 내전 중인 남수단은 위험하기 짝이 없는 지역이었다. 아프리카에서 가장 큰 수단은 내전으로 인종, 종교, 계급을 에워싼 대립이 극심했다. 이로 인해 북수단과 남수단으로 분리되고 종교와 남수단의 유전(油田) 문제 등으로 아직도 분쟁이 지속되고 있다. 그곳은 헐벗고, 굶주리고, 각종 질병들로 희망이 없는 지역이어서 자원하는 신부가 거의 없었다고 한다.

많은 사람들이 이태석 신부에게 물었다. 왜 굳이 신부가 됐느냐고, 의사로서도 소외된 이웃을 도울 수 있는데, 왜 굳이 아프리카까지 갔느냐고, 한국에도 가난한 사람이 많다고……. 그 모든 물음에 이태석 신부는 "예수님께선 가장 보잘것없는 이에게 해준 것이 곧 나에게 해준 것"이라는 말로 대답을 대신했다.

나는 아프리카 오지 남수단 톤즈 마을에서 의료 선교를 하다가 48세 젊은 나이로 고향에 돌아와 2011년 1월 14일 대장암으로 숨진 고(故) 이태석(1962~2010) 신부의 삶을 다룬 실화 다큐멘터리 영화 〈울지 마 톤즈〉를 관람했다. 이 영화를 본 순간, '이분이 바로 예수님의 십자가 사랑을 몸소 보여준 성인(聖人)이다.'라는 생각을 했다. 동시에 나의 믿음이 얼마나 이기적이고 세속적인가 하는 가책으로 숙연해졌다.

나는 이 영화를 보면서 하나님의 위대하신 섭리를 깨달았다. 하나님이 예수님을 이 세상에 보내어 십자가의 사랑을 보여주었듯이, '하나님은 일찍이 이 신부를 의료 선교사로 훈련하여 헐벗고, 굶주리고, 각종 질병으로 희망을 상실한 수단 주민들에게 삶의 희망과 의욕과 용기를 주어 예수님의 사랑을 통하여 그들에게 복음을 전하실 계획'을 갖고 계셨다는 생각을 했다.

이태석 신부는 톤즈 사람들을 치료하고 손수 벽돌을 찍어 병원 건물을 세웠다. 학교를 지어 초·중·고교 과정을 개설했다. 그는 톤즈의 배고픈 아이들, 100㎞ 떨어진 곳에서 며칠씩 걸어 찾아온 환자들, 가족조차 돌보지 않아 버려졌던 한센병(Hansen病) 환자들과 거리낌 없이 어울리며 그들을 치료해주었다. 또한 아이들에게 악기를 가르쳐 '브라스밴드'를 만들어 그들에게 희망을 심어주었다. 그가 조직한 35인조 브라스밴드는 수단의 명물이 되었다. 그의 선하고 해맑은 미소가 장면마다 배어난다. 톤즈 사람들은 그를 '쫄리 신부'라고 불렀다. '존 리(John Lee)'라는 세례명을 그렇게 발음한 것이다.

영화에서 가장 눈물겨웠던 장면은 이태석 신부의 서거(逝去) 소식을 듣고 브라스밴드가 마을을 행진하는 장면이었다. 선두에 선 소년들은 환하게 웃고 있는 이태석 신부의 사진을 들고 있었다. 마을 사람들은 그의 죽음이 믿어지지 않는다며 눈물을 흘렸다. 그들은 세계에서 가장 키가 큰 딩카족이다. 그들의 삶은 분노와 증오, 그리고 가난과 질병으로 얼룩졌다. 목숨을 걸고 가족과 소를 지키기 위해 싸우는 딩카족이다. 강인함과 용맹함의 상징인 딩카족에게 눈물은 가장 큰 수치라고 한다. 이태석 신부는 톤즈의 아버지이자, 의사였고, 선생님, 지휘자, 건축가였다.

휴가차 입국한 그는 지인의 권유로 난생 처음 건강검진을 받고, 대장암 말기 판정을 받았다. 손을 쓸 수 없는 상태였다. 그러나 암 선고 일주일 후 밝은 표정으로 수단 어린이들을 위한 모금 음악회에 나와 통기타를 치며 노래를 부른다. 죽음 앞에서도 태연하고 자비로운 그의 모습을 잊을 수 없다. "이태석 신부님을 사랑합니다."는 말 이외에 할 말이 없었다. 그저 숙연해질 뿐이었다. 영화가 끝나고도 적지 않은 관객들은 선뜻 자리를 뜨지 못했다. 나도 눈시울이 붉어져 있었다.

이태석 신부는 48세의 젊은 나이에 고인이 되었지만, 그는 성공적인 삶으로 이 세상을 마감했다. 영화 속에서 외국인 70대의 한 신부가 "나같이 나이 먹은 사람을 먼저 데려갈 것이지, 아직도 할 일이 많은 젊은 이태석 신부를 먼저 데려가느냐?"라고 말하는 장면을 보고, 나는 하나님께서 '이 신부가 그간 자신이 계획했던 것을 다 이루었으니, 이제 하늘나라에서 편히 쉬라고 데려간 것 아닐까?' 하고 자문해 보았다.

예수님은 3년간의 공생애를 마친 후 젊은 나이 33세에 우리의 모든 죄를 홀로 짊어지시고 십자가에서 "다 이루었다."고 하시며 생을 마치고 3일 만에 부활하셨다. 이것이 그리스도교 탄생의 시작이다. 예수님의 십자가가 있었기에 오늘의 기독교가 있다. 한 알의 밀알이 수백 배의 열매를 맺듯이, 이태석 신부의 젊은 죽음은 많은 사람들에게 이웃사랑의 열매를 심어주었다. 그의 생애는 짧았지만 사람들은 그를 '수단의 슈바이처'라고 부른다. 젊은 죽음이기에 우리들을 더욱 애절하고 안타깝게 한다.

이태석 신부의 고귀한 희생 앞에서 나는 자녀들이나 가족이나 이웃에게 나에 대한 어떤 기억을 줄 것인가를 생각해본다. 사람들은 흔히 부귀나 명예가 곧 성공이라고 말한다. 그러나 나는 성공을 위해 어떻게 살았고 사람들에게 어떤 도움을 주었느냐가 더 중요하다고 생각한다. 비록 내세울 만한 성공은 하지 못했으나 내 자녀들이나 가족에게 존경받을 만한 일을 남겼다면, 그 사람은 성공한 생을 산 것이 아닐까. 가정에서 존경을 받는 것은 결코 쉬운 일이 아니기 때문이다.

시작이 반이라고, 지금이라도 남은 내 생애가 내 자녀들과 가족에게 좋은 기억으로 남도록 보람된 일을 찾아 실행하려고 한다. 거창한 일만을 추구하다 보면 작은 보람마저 놓치고 만다. 우리가 할 수 있는 의미 있는 일이란 반드시 거창한 일이 아니다. 내 가정에, 내 이웃에, 사회에, 세상에 유익한 일을 할 수 있다면, 그것이 곧 성공이 아니겠는가.

우리가 오드리 헵번을 아름다운 사람으로 기억하는 것은 영화 속에서 보여준 그녀의 아름다움 때문이 아니라 은퇴 후 여생 동안 소외된 이웃을 위해 사랑을 실천했기 때문이다. 이태석 신부의 생애는 마음과 목숨과 온힘을 다해 모든 것을 바치며 소외된 이웃을 사랑했던 헌신적인 삶이었다. 그는 영원히 이 세상에 빛으로 남게 되리라.

CHAPTER

[10] 죽음의 혁명

죽음의 혁명

인간은 모두 죽는다. 이것은 엄연한 사실이며 필연적인 사실이다. 그러나 인간은 언제 어디서 어떻게 죽을지를 모르기 때문에 죽음을 두려워한다. 신분의 귀천에 관계없이 죽음은 소리 없이 찾아오기에 누구에게나 두렵다.

1955년부터 예일대학교에서 교양철학 정규강좌 '죽음(Death)'을 17년간 연속 강의하고 있는 교수 셸리 케이건(Shelly Kagan)은 그간 진행한 강좌를 요약한 저서를 발간했다. 우리나라에서는 『죽음이란 무엇인가』라는 제목으로 출간이 되었다.

이 책은 죽음을 주제로 한 철학 입문서라고 할 수 있다.

"죽음의 본질에 관한 일반적인 견해가 대부분 허구라고 주장한다. 영혼이라는 것도 없고, 영생(永生)이란 절대 좋은 것이 아니며, 자살도 이성적 · 도덕적으로 바람직한 선택이 될 수 있다는 사실을 여러 철학 이론을 동원해 논증한다."

저자는 논리적이고 비판적으로 대답을 하고 있지만, 자신의 결론이 옳다고 주장하지는 않는다. 케이건은 죽음에 관해 이렇게 소개했다.

"내가 죽을 것이라는 사실 자체로도 충분히 나쁘지만, 설상가상으로 거기에 대해 내가 할 수 있는 게 아무것도 없다는 게 더 나빠. 나는 죽음의 신의 손아귀에서 절대로 벗어날 수 없을 거야. 내 존재에 대한 핵심적인 진실에 직면해서 아무것도 할 수 없다는 사실이 죽음을 더 나쁜 것으로 만들고 있다. 하지만 내가 죽을 것이라는 사실 앞에서 할 수 있는 것이 하나도 없다는 사실을 받아들이는 순간, 깨달음의 고통은 사라진다."

네덜란드의 철학자 스피노자(Spinoza)는 "인생에서 일어나는 '모든 일'이 필연적이라는 사실을 안다면, 우리는 그것들로부터 감정적 거리감을 유지할 수 있다."고 믿었다. 죽음의 '필연성'을 이해하고 이를 받아들일 수 있으면, 죽음을 덜 부정적으로 바라볼 수 있을 것이다.

케이건은 이렇게 이야기한다.

"우리 모두 언젠가 죽을 것이라는 사실은 대단히 슬플 일이다. 이는 죽음을 더 나쁜 것으로 만들고 있다. 그런데 다른 한편으로는 그 슬픈 사실이 내게만 주어진 운명은 아니라는 생각에 조금은 위안이 된다. 여러분은 어떤가? 나 혼자 일찍 죽는 가혹한 형벌을 받는 게 아니다. 모든 사람들의 공통된 운명이다. 그런 생각으로부터 우리는 조금이나마 위안을 얻을 수 있다."

나는 죽음 그 자체가 아니라 어떻게 죽느냐가 두렵고 고통스럽다는 것이다. 식물인간이 되거나, 견디기 어려운 투병을 하다가 가족들에게 고통을 남기는 생애가 원망스럽고 두렵다는 것이다. 어느 날 심장마비로 한순간에 죽을 수 있다면 행복이 아닐까? 가족이 보는 가운데 밝은 모습, 평온한 모습, 행복한 모습으로 가족과 헤어질 수 있는 죽음이라면 아름다운 죽음이 아닐까? 나는 최악의 경우에 존엄사(尊嚴死)를 원한다. 존엄사는 소생할 가망도 없이 장기간 식물인간 상태로 있는 환자에 대하여 생명 유지 장치 따위에 의한 연명(延命)을 중지하고 인간으로서의 존엄을 유지하면서 죽음에 이르게 하는 일이다.

그러나 현실은 그렇지 않다. 우리는 살아가면서 죽음을 내 일이 아니라 남의 일로 생각하고 잊고 산다. 백년이나 천년이나 살 것처럼 먹고 살기 바빠 죽음을 생각할 마음의 여유가 없다. 그러다가 감기에 걸려 열이 나고 기침이 나고 몸살이 나면 병원을 찾는다. 약을 먹어도 통증이 심하면 죽을 것 같은 생각을 하게 된다. 할아버지나 할머니들은 몸이 아프면,

'아이고 죽겠다!'는 말씀을 달고 산다. 나도 몹시 아파 참기 힘들 때면, 곧잘 '이렇게 아프면 차라리 죽는 것이 낫겠다'는 생각을 한다.

재미있는 일화가 있다.

한 어린 손녀가, 할머니가 "아파 죽겠다."고 하자 박카스 한 병을 사가지고 와서 할머니께 드리면서 "할머니, 이것을 마시면 고통 없이 돌아가신다."고 말했다. 그러자 할머니가 화를 내면서 "이놈아! 할머니가 죽었으면 좋겠어!" 하며 버렸다고 한다.

우리나라 남자의 평균 연령은 80세이고 여자는 85세라고 한다. 그런데 나는 지금 만 84세로 걷는 것이 다소 불편하지만 체육관에 가서 가벼운 운동을 하고 있으니, 축복 받은 사람이다. 80대에 진입하면서 한 달이 다르게 건강이 나빠지고 있다. 이미 내 주변에 있던 친구나 동료들이 각종 질병으로 투병생활을 하다 죽음을 맞이하고 있다. 남의 일이 아니라 바로 내 자신의 일이라는 생각이 든다.

100세 시대가 되었다고는 하지만 70대 후반부터 죽음에 관해 종종 생각한다. 죽는 것이 겁나고 두려운 것이 아니라 내 아내나 가족들에게 짐이 되지 않게 죽기를 기원한다. 때때로 체육관 목욕탕 따듯한 물 안에 앉아 있을 때, 피로가 가시는 평온함을 느끼는 순간, 이대로 죽을 수 있다면, 얼마나 행복할까 하고 상상해본다. 선조들은 큰 고통 없이 편히 죽는 것이 인생의 오복(五福) 중 하나라 했다. 오복(인생의 바람직한 조건)인 수

(壽)·부(富)·강녕(康寧)·유호덕(攸好德)·고종명(考終命)을 간단히 설명하면 다음과 같다.

첫째는 수(壽)다. 즉 오래 사는 일(長壽)이고

둘째는 부(富)다. 즉 넉넉한 재산이고

셋째는 강녕(康寧)이다. 즉 몸이 건강하고 마음이 편안함이고

넷째는 유호덕(攸好德)이다. 덕을 좋아하여 즐겨 행하는 일이고

다섯째는 고종명(考終命)이다. 제명대로 살다가 편안히 죽음에 이르는 것이다.

선조들이 죽음이 얼마나 두려웠으면 인생의 다섯 가지 복 중의 하나로 삼았을까?

공감이 되는 이야기다.

우리는 부모나 배우자, 자식이나 형제자매 가족, 친한 친구나 동료들의 죽음을 보면서, 의료 현실에 대해 진지하게 고민한다. 더 이상 병을 치료할 수 없는 종말기가 되었다면, 당신은 어떻게 삶을 마무리하고 싶은가? 온갖 의료장치를 몸에 붙인 채 마지막까지 연명치료에 매달리며 생명을 연장하고 싶은가? 무의미한 연명치료를 하지 않고 마지막까지 인간다운 존엄함을 잃지 않으며 평온하게 죽을 수는 없는 것일까?

일본의 나가오클리닉 원장인 나가오 가즈이로(長尾和宏)는 365일 연중

무휴의 외래진료와 24시간 지역민의 건강을 돌보는 동네 의사다. 그의 체험과 경험을 바탕으로 집필한 저서 『평온한 죽음』은 일본에서 12만 부를 돌파한 베스트셀러이다.

그는 저서에서 이렇게 소개했다.

"대부분의 병원 의사들은 '죽음'을 패배로 보는 경향이 있다. 환자를 1분 1초라도 오래 살게 하는 것이 의사의 사명이라고 배웠기 때문이다. 내가 알기로는 지금도 많은 병원에서 종말기에 접어든 환자에게 강도 높은 연명치료를 하고 있다. 그런데 일단 연명치료가 시작되면 도중에 본인이나 가족이 강력하게 중단하기를 원해도 현실적으로는 그렇게 하기가 쉽지 않다. 평온사(平穩死)란, 말 그대로 평온하게 종말을 맞는 것, 자연스럽고 평온하게 저 세상으로 떠나는 것이다. 인생의 마지막에 죽음을 연기하는 불필요한 연명치료를 받지 않는 것이다. 평온사는 저 세상으로 떠나는 환자 당사자만의 문제가 아니라 돌보는 가족들의 기분까지 포함해서 모두가 만족스러워야 온전한 평온사라 할 수 있다. 떠나는 사람도, 남겨진 사람도 모두 '이 길을 택해서 정말 다행이야'라고 생각하는 것이 제일 중요하다. 평온사는 죽는 순간의 일이 아니라, 삶에서 죽음에 이르는 일련의 과정을 가리킨다."

우리 정부는 임종을 맞이하는 환자에게 평온사를 허용하는 '평온사법', 이른바 '존엄사법'으로 불리는 환자의 연명의료 결정에 관한 법률

(연명 의료결정법)을 2018년 2월 4일 시행했다. 시행하자 2개월 만에 3,000명이 넘는 환자가 연명의료를 거부하고 자연스러운 죽음에 이르는 길을 택한 것으로 나타났다.

나는 몇 년 전에 사전의료의향서 실천모임(의료계, 법조계, 학계, 종교계, 사회단체 관계자가 참여한 모임)이 주관한 '사전의료의향서'를 작성하였다. 뒤늦게나마 평온한 죽음을 누릴 수 있는 법적 효력이 있는 죽음의 권리를 갖게 되어 반갑다. 나도 조만간 다시 법적 효력을 발휘할 수 있는 '사전연명의료의향서'를 가까운 시일 내에 받을 계획이다.

보건복지부에 따르면 법률상 요건을 충족하는 사람은 '사전연명의료의향서'와 '연명의료계획서'를 통해 연명의료에 관한 본인의 의사를 남겨놓을 수 있다. 연명의료는 치료 효과 없이 환자의 생명만을 연장하기 위해 시도하는 심폐소생술·인공호흡기·혈액 투석·항암제 투여 등 4가지 의료행위를 말한다.

인간이 죽는다는 사실, 누구나 안다. 하지만 살기에 바빠, 아니면 죽는 것이 두려워 잊고 산다. 그러다 문득 죽음의 그림자가 엄습해올 때, 인간의 한계를 새삼 깨닫고 당황한다.

인간은 누구나 태어나는 것을 마음대로 선택할 수 없는 것처럼, 죽음 또한 피할 수 없다. 죽음은 노소(老小)를 가리지 않고 찾아오기에 두렵다.

최근 들어 젊은 사람들이 말기 암으로 죽는 경우를 흔히 볼 수 있다.

내 제자들 중에서도 그런 안타까운 일이 있었다. 나의 지도 아래 석·박사를 수료한 유망한 인재였는데, 30대 중반에 아내와 두 아이를 남긴 채 정체가 불분명한 난치 암으로 세상을 떠났다. 매년 새해가 되면 그들 부부가 세배를 거르지 않던 모습이 떠오른다.

2014년 4월 16일 전라남도 진도군 조도면 부근 해상에서 여객선 세월호가 침몰한 사고는 기억하고 싶지 않는 참사였다. 탑승 인원은 476명이었다. 이 가운데 172명만이 생존했고, 300여 명이 넘는 사망·실종자가 발생했다.

특히 세월호에는 제주도로 수학여행을 떠난 안산 단원고 2학년 학생 324명이 탑승, 어린 학생들의 피해가 컸다. 그들은 꿈도 피워보지 못하고 어른들의 잘못으로 거의 대부분 희생되었다. 참으로 참담하고 안타깝다.

선장과 일부 선원은 승객 탈출을 돕기는커녕 자신들이 먼저 탈출했다. 그들이 끝까지 남아 출동한 해경과 협조해서 구조작업에 최선의 노력을 했더라면, 실종자를 상당히 줄일 수 있었을 것이라는 회한(悔恨)만 가득하다.

정부 당국도 마찬가지다. 이런 긴급 사고가 발생했을 때 사태를 신속히 수습할 수 있는 상세한 매뉴얼을 갖추고 있어야 함은 물론 평소에 훈련까지 제대로 해왔어야 옳다. 이번 사고는 장비보다 인력이 제대로 움직이는 안전시스템의 부재가 가장 문제였다. 이 참사는 인재(人災)일 수밖에 없다.

이는 정부와 사회에 만연한 안전불감증이 원인이라고 생각한다. 정부는 이런 인재(人災)가 더 발생하지 않도록 제도화해서 실행하겠다고 하지만, 자고 나면 하루가 멀다 하고 크고 작은 인재사고가 일어나고 있다. 이는 정부만이 아니고 정치인이나 사회 각 지도자와 국민 모두가 인재사고 예방을 위해 협력해야 할 것이다.

죽음이 태생과 다른 점은 스스로 선택할 수 있는 '자살'이 있다는 것이다. 한국의 자살문제는 간과할 수 없는 심각한 문제다. 한국 사회는 경제협력개발기구(OECD) 국가 중 자살률이 가장 높다. 우리나라 경제는 세계 10위권이지만 행복지수는 현저히 낮은 순위이다.

자살 하면, 1947년 발표된 아서 밀러(Arthur Miller)의 대표적인 희곡 『세일즈맨의 죽음』이 떠오른다. 그는 이 작품으로 1949년 뉴욕드라마비평가협회상과 퓰리처상, 토니상 등을 수상했다.

예순 살이 넘은 윌리 로먼은 와그너 상사에서 삼십 년 넘게 일한 세일즈맨이다. 대공황이 오기 전까지 그는 누구보다 행복한 사람이었다. 그에게는 번쩍이는 차와 새 집, 새 가구가 있었고, 세일즈맨으로서 차곡차곡 쌓아 가는 실적과 착한 아내 린다와 전도유망한 두 아들이 있었다. 그는 열심히 일하기만 하면 언젠가 세일즈맨으로 성공해 자기 사업체도 갖게 되리라는 꿈이 있었다.

그러나 윌리 로먼의 이런 꿈은 나이가 들면서 점점 무너져 간다. 거기에 1930년대 미국 경제대공황마저 겹치자, 세일즈맨이 받는 수당은 점점 줄어들어 가기만 하고, 더구나 30년 이상 근무한 회사에서 느닷없이 해고된다. 희망을 걸었던 두 아들들도 잘못된 길로 빠져버린다. 기대를 배신당한 슬픔과 피로, 늙은 육체에서 오는 절망감, 잃어버린 인생에 대한 회한은 그를 광기로 몰고 간다. 그의 머릿속에서는 과거의 화려했던 환영(幻影)과 현재의 좌절과 방황이 교차하면서 불안에 흔들린다. 결국 그는 한밤중에 자동차를 난폭하게 몰아 자살을 택한다. 그의 죽음으로 나온 보험금은 집값의 마지막 대출금을 갚을 만한 액수에 지나지 않았다.

"참 알 수 없는 일이에요. 하필이면 이런 때에 35년 만에 처음으로 빚을 다 갚고 홀가분해졌는데 말이에요. 월급이나 조금 받으면 살아갈 수 있어요. 치과에도 다녀왔으니까요."

나에게는 윌리의 아내 린다가 남편의 무덤을 응시하면서 내뱉는 대사가 오랫동안 기억에 남아 있다.

『세일즈맨의 죽음』은 1949년에 뉴욕 브로드웨이에서 초연되자마자 즉시 하나의 사건으로 선풍을 일으키고, 저자 아서 밀러는 단숨에 현대문학을 대표하는 작가로 부상했다. 이후 오늘까지 전 세계적으로 가장 널리 사랑받는 미국의 대표적인 희곡 중의 하나로 손꼽힌다. 이 작품은 현대 비극의 가능성을 제시했다는 점에서 주목할 만하다.

자살은 태생과 달리 누구나 마음만 먹으면 선택할 수 있다는 것이 문제다. 한국의 자살률이 세계 35개 선진국 모임인 경제협력개발기구(OECD)에서 2003년 이후 15년째 세계 최고 수준을 지속하고 있다는 최근 일간지 기사를 보면서 놀랐다. 자살률은 우리 시대의 삶의 가치를 나타내는 하나의 척도이기 때문이다. 가장 심각한 문제는 노인 자살이다. 한국의 노인 자살률은 OECD 평균의 3배이다. 연령에 따라 급증한다고 한다. 최근에는 20대 청소년들의 자살률이 증가하고 있다. 중앙일보 정진홍 논설위원은 "이것은 자살자의 정신 병력이나 심리적 요인 때문만이라고 볼 수 없는 명백한 사회적 병리다."고 밝혔다.

셜리 케이건은 저서 『죽음이란 무엇인가』의 마지막 장에서 자살에 대하여 다루고 있다. 케이건 교수는 '자살'에 관해 두 가지 측면에서 고찰한다. 첫째는 "자살은 합리적인 선택이 될 수 있는가"이며, 둘째는 "자살은 도덕적으로 정당한 행위인가"이다. 그는 다양한 사례를 들어 설명하고 있다.

합리성은 '나'와 관련이 있으며 도덕성은 '남'과 관련이 있다. 그는 우선 자살이 합리적 선택이 될 수 있으려면 "죽는 게 더 나은 삶"이 있어야 하고, 그러려면 삶과 죽음을 상대적으로 비교해 둘 중 어느 것이 나은지 판단할 수 있어야 한다고 지적한다. 그리고 자살이 도덕적으로 정당한 행위가 될 수 있는지 '공리주의(功利主義, utilitarianism)'와 '의무론(義務論,

deontology)'의 관점에서 모든 가능성을 열어두고 논의한다. 여기서 공리주의는 모든 이들의 행복을 평등하게 놓고, 얼마나 많은 사람들에게 얼마나 많은 행복을 가져다주었는지를 기준으로 선악을 판단하는 도덕 이론이다. "지금 행복한 삶을 누리지 못하고 있다면, 적어도 다른 사람의 고통을 최소화하기 위해서 노력해야 한다"고 공리주의는 말한다. 예를 들어 미래가 창창한 건강한 젊은이들이 자살한다면 그 결과는 당연히 좋지 않을 것이다. 그렇다면 도덕적으로 받아들일 수 없다. 간단히 말해 공리주의는 결과가 중요할 뿐 아니라 '중요한 모든 것'이라고 주장하는 것이다.

물론 도덕성에서 결과는 전혀 중요하지 않다. 다만 결과가 도덕적으로 중요한 '유일한' 요소는 아니라는 사실이다. 도덕적으로 의미 있는 다른 요소들이 결과보다 더 중요할 수 있다는 것이다. 이는 '의무론'이라고 하는 도덕적 수단인 윤리적 접근방식을 지지하는 사람들의 주장이다. 즉 의무론자들은 결과 외에도 도덕적으로 중요한 요소들이 있다고 말한다. 의무론적 관점에서 사람들은 대부분 '무고한' 사람들에게 피해를 입혀서는 안 된다고 생각한다.

예를 들어 무고한 한 사람을 죽여서 건강한 장기를 다섯 환자에게 이식을 해서 생명을 살렸다고 하자. 그렇다면 그를 죽이는 것이 올바른 선택일까? 결과적으로 공리주의자는 그렇다고 말한다. 그러나 공리주의를 받아들이기 어렵다. 하지만 케이건 교수는 공리주의 대 의무론의 문제는 복잡해서 이를 다루려면 한 권의 책으로도 부족할 정도라고 한다. 직관적으로 생각해도 무고한 사람을 죽이는 것은 분명히 잘못한 행동이다. 이는 인간의 '생명의 권리'를 빼앗은 것이다. 일반적으로도 우리 대부분은 결과가 아무리 좋아도 무고한 사람에게 피해를 주는 행동에 반대하는 입장인 의무론을 받아들이고 있다. 그러나 죽어가는 사람이 사전에 스스로 장기이식에 찬성한 경우는 다르다.

자살이 '합리적인가'와 '도덕적인가'의 관점에서 들여다보자. 『세일스맨의 죽음』의 주인공 윌리가 자신의 고민을 아내 린다에게 떨어놓고 상의를 했으면 자실을 피할 수 있었지 않았겠느냐는 관점에서 비합리적이라고 생각한다. 청년들의 자살은 합리적과 도덕적이라는 관점에서 찬성할 수 없다. 노인의 경우에는 사항이 매우 복잡함으로 사례에 따라 자살의 타당성을 검토할 일이다.

서른 살에 세계 100대 대학 중 하나인 중국 상하이 푸단대학교의 교수가 된 위지안(于娟)은 꿈을 이루지 못한 채 말기 암 판정으로 시한부 인생을 선고받았다. 하지만, 삶의 끝에 와서 알게 된 것들을 정리하여 『오늘을 살아갈 이유』라는 책을 출간했다.

나는 이 책을 읽으면서 그녀가 남긴 인생교훈이 시한부로 사는 사람들에게 큰 위로와 희망을 줄 것이라고 믿는다. 그녀는 서문에서 "나의 삶은 암으로 인해 새롭게 시작되었고 나는 여전히 건재하고, 내게는 오늘을 살아갈 이유들이 있다. 내일 아침에 일어나면 또 다른 이유가 생길 것이다. 그런 이유를 하나씩 깨달아가며 나는 최후의 순간까지 앞으로 나아갈 것이다."라고 밝혔다. 그리고 이 책을 쓴 이유를 그녀는 이 말을 꼭 해주고 싶어서라고 했다.

"그 어떤 고통도 모두 지나간다. 이별? 마음의 상처? 실패? 모두 지나간다. 불치병도 모두 다 흘러가는 구름과 같다" 그리고 그녀는 "삶의 모든 것이 끝나버렸다고 생각했는데, 아이러니하게도 새로운 삶이 시작했다"고 한다.

그녀는 서문에서 오늘을 살아야 할 이유를 이렇게 말한다.

"지금에야 깨닫게 된 것들을, 암에 걸리기 전에 미리 알았더라면 얼마나 좋았을까. 다만 그것이 아쉬울 뿐이다. 그랬더라면 내 삶을 더 행복한 것들로 가득 채울 수 있었을 텐데……

우리는 뭔가를 잡기 위해서는 아주 먼 곳까지 전속력으로 달려가야 한다고 믿으며, 십중팔구 그런 믿음이란 것이 '신기루'에 불과하다는 진실을 끝끝내 인정하지 않으려고 한다. 엄청난 대가를 치르고서야, 혹은 모든 게 끝난 뒤에야 그보다 훨씬 값진 일을 지나쳐버렸음을 후회하곤 한다.

이제부터 삶의 끝에 와서 내가 알게 된 것들을 하나하나 정리할 생각이다. 어떤 이야기는 떠올리기도 싫을 정도로 고통스러울 수도 있겠다. 그러나 그런 고통 덕분에 내가 더 많이 알게 된 것도 사실이니, 세상일이란 게 원래 그런 모양이다. 그래서 우리는 흔히 고생하다가 살 만하니까 또는 살아야 할 사람이 아깝게도 먼저 세상을 떠난다."

누구나 임종을 맞이하게 되면 두려워하고 내세를 생각하게 된다.

평생 종교를 갖지 않았던 삼성 창업자인 이병철 회장이 폐암으로 타계하기 한 달 전, 가깝게 지내던 신부님께 인생에 관한 절실한 질문 24가지를 넘겼으나 안타깝게도 이에 대한 속 시원한 대답을 듣지 못한 채 세상을 떠났다. 그로부터 24년이라는 세월이 지난 후, 이 24가지의 질문과 함께 이 질문에 대한 차동엽 신부(인천가톨릭대 교수)의 답변이 중앙일보(2011년 12월 17일자)에 실렸다.

나는 이병철 회장이 죽음에 임박한 상황에서 종교에 관심을 갖고 진지하게 작성한 질문들에 대한 답변을 보지 못하고 타계한 점이 아쉽다. 만약 그가 그 답변들을 읽었다면 어떻게 대응했을까 궁금하다. 혹여나 세례나 영세를 받았다면 어떤 유언을 남겼을까? 하고 상상해본다.

이 질문들은 누구에게나 궁금한 관심사이기에 많은 사람들이 진진하게 읽었으리라고 생각한다. 이들은 고달픈 인생들의 흉금을 대변하는 물음이다. 그중의 첫 질문과 마지막 질문을 소개하면 이렇다.

'신(神)이 존재한다면 왜 자신을 드러내지 않는가?'

'지구의 종말은 오는가?'

차 신부는 첫 질문에 대해 이렇게 답변했다.

“우리 눈에는 공기가 보이지 않는다. 그러나 공기는 있다. 소리도 마찬가지다. 인간이 감지할 수 있는, 알아들을 수 있는 소리의 영역이 정해져 있다. 가청영역 밖의 소리는 인간이 못 듣는다. 그러나 가청영역 밖의 소리에도 음파가 있다. 소리를 못 듣는 것은 인간의 한계이고, 인간의 문제다. 신의 한계나 신의 문제가 아니다.”

마지막 질문에 대한 답변은 이렇다.

“종말이 언제일까. 내가 죽는 날이 종말이다. 물론 역사적으로는 오메가 포인트(종말의 시점)가 있을 거다. 지구의 수명이 다하는 날이 올 테니까. 성경에는 종말이 있다고 돼 있다. 그런데 이 종말을 보는 시각이 좀 다르다. 파국만은 아니다. 구원을 위한 최종 추수의 시간으로도 보기 때문이다. 여기서 갈린다. 종말을 기대하는 사람과 두려움에 떠는 사람. 신앙인의 특권은 종말을 희망사건으로 본다는 것이다. 종교는 결국 종말 너머를 향하기 때문이다.”

나는 영생을 믿기에 임종은 끝이 아니고 시작이라고 믿는다.

이들의 질문과 답변을 읽으면서, 우리나라 경제계 최고의 거목도 죽음 앞에서는 무능하고 나약할 수밖에 없고 신앙 문제로 고민하고 있구나 하는 점이 가슴에 와 닿았다.

태어나서 죽음까지 우리는 각자의 짐을 지고 간다. 어려서는 부모형제 가족과 살다가 각각 자기 갈 길을 찾아 떠난다. 인생은 기차역에서 승객이 오르내리는 것과 같다. 새로운 친구를 만났다가 헤어지고 또 다른 친구를 만나게 되면서 종착역까지 가지만, 결국은 혼자 남는다. 아내가 젊어서는 애인이었다가 친구가 되고 나중에는 그중 한 사람이 간병인이 되고 결국은 그중 한 사람만 남았다가 떠난다. 천수를 한다고 해도 결국 종착역에 이른다. 그러니 혼자 사는 법과 혼자 외로운 길을 걸어가는 사실을 기억하며 평소에 혼자 사는 법도 익혀야 우울증에서 벗어날 수 있다고 생각한다.

나는 죽음에 대한 두려움보다 아내와 가족과 헤어지는 것이 더 안타까울 것 같다. 그러나 가족에게 짐을 주지 않고 떠날 수 있다면 이것도 큰 복이 아니겠는가. 이제 내 나이 만 84세가 다 되었으니 언제 죽어도 미련이 없을 것 같다. 85세가 넘으면 웬만한 고통이나 통증이 아니면, 의사의 진단을 받지 않을 생각이다. 누군가가 말했던 것처럼 나도 평균 수명에 이르면, 그 병세가 심각하여 몇 년 동안 투병하며 살아가는 것보다 병을 모른 채 죽는 것이 낫다는 생각이다.

죽은 뒤에도 아내에게나 딸에게 또 후학들에게 자랑스러운 남편과 아빠로, 선배로 남도록 최후의 순간까지 즐겁고 유쾌하게 살다가 가고 싶다. 이런 사람이 가장 강한 사람이 아닐까.

내가 심은 한 그루의 감나무 묘목(苗木)이 쑥쑥 자라 먹음직스러운 열매가 맺힌다면, 그 감을 보고 사람들이 기뻐했으면 좋겠다.

내 기억에도 없는 사소한 친절과 조언이 이웃에게 도움을 줄 수 있었다는 것을 알면서도, 무심코 던진 한 마디가 이웃에게 못이 되었다면 반성할 일이다.

아내의 따뜻한 사랑과 손길 안에서 먼저 임종하는 것이 희망이지만 내가 없는 아내의 임종이 궁금하다. 그러나 내가 아내보다 젊고 건강하다면 아내를 내가 돌보며 살다가 임종 시에 내 손으로 묻어주고 싶다. 이것이 솔직한 나의 심정이다. 자식들이 아무리 잘한다고 해도 남편보다는 못할 것임으로……

내생의 끝자락에서 뒤를 돌아보면 후회하고 회개할 일들이 많을 것이다. 그래도 내 가족과 이웃을 위해 열심히 살았다는 자부심만 있다면, 내가 태어난 보람은 온전히 나의 것이 될 것이다.

이 도서의 국립중앙도서관 출판시도서목록(CIP)은 서지정보유통지원시스템 홈페이지(http://seoji.nl.go.kr)와 국가자료공동목록시스템(http://www.nl.go.kr/kolisnet)에서 이용하실 수 있습니다.(CIP제어번호: CIP2018024981)

직업의 몰락

초판 1쇄 인쇄 _ 2018년 8월 20일
초판 1쇄 발행 _ 2018년 8월 27일
지은이 _ 진연강
펴낸이 _ 고영
책임편집 _ 서윤후
디자인 _ 헤이존
펴낸곳 _ 문학의전당
출판등록 _ 제2017-000002호
주소 _ 서울시 마포구 마포대로 11길 91, 3층
전화 _ 02-852-1977 팩스 _ 02-852-1978
전자우편 _ sbpoem@naver.com

ISBN 979-11-5896-380-4 03810